С отзывами, пожеланиями и вопросами
обращайтесь в M·Graphics Publishing:

Тел.: (781) 990-8778
www.mgraphics-publishing.com
mgraphics.books@gmail.com

или к автору:
www.elenaneva.yolasite.com

Елена Нева

Искусство
древних ювелиров

(Центральная Азия: IV до н. э.–IV в.)

БОСТОН · 2008 · BOSTON

Елена Нева *Искусство древних ювелиров*
(Центральная Азия IV до н. э. – IV в.)
под общей редакцией Владимира Левина
Издание 2-е, исправленное

The Art of Ancient Jewelers by Elena Neva
Edited by Vladimir Levin
2nd Edition, corrected

Copyright © 2008 by Elena Neva

All rights reserved.
No part of this book may be reproduced or utilized in any form or by any means, electronic or mechanical, including photocopying, recording, or by any information storage and retrieval system, without the written permission of the copyright holder.

ISBN 978-1-934881-05-7

Library of Congress Control Number: 2008925065

Издательство M·Graphics Publishing
www.mgraphics-publishing.com
info@mgraphics-publishing.com

Подготовка к изданию: В. Левин и М. Минаев
Дизайн обложки: П. Крайтман © 2008
Фото на обложке © Trustees of the British Museum
Рисунки в тексте из архива автора.

Отпечатано в США

Моим детям

ОТ АВТОРА

Эта книга могла бы и не состояться, если бы не удивительные открытия археологов XX века.

Тем, кто познакомится с содержанием книги, я уверена, надолго запомнятся такие малоизвестные названия как, например, Бактрия — страна с богатейшей историей и культурой древнего мира, а современные художники-ювелиры смогут почерпнуть вдохновение для творчества от созерцания шедевров древних мастеров.

Елена Нева
март 2008

СОДЕРЖАНИЕ

Введение   11

Глава I
Из истории изучения ювелирного искусства
древнего периода   13
    Источники исследования   18
    Амударьинский клад   20
    Дальверзин-тепе   22
    Тилля-тепе   24

Глава II
Художественные особенности ювелирных
изделий Центральной Азии   27

Глава III
Виды и формы ювелирных изделий Центральной
Азии и их технические особенности   54

Глава IV
Символика и семантика украшений   75

Заключение   85

Список литературы   97

Примечания   115

ВВЕДЕНИЕ

Ювелирное искусство — своеобразная область художественного творчества, диапазон и возможности которого исключительно велики. Произведения художественного ремесла всегда входили в жизнь человека, являясь самым доступным средством реального соприкосновения с искусством.

Искусство ювелиров древней Центральной Азии — одно из самых ярких явлений в культуре народов Востока. Оно отличается наполненностью и самобытностью художественных образов и хранит в себе богатейшие резервы средств пластической выразительности.

Ювелирное искусство древней Центральной Азии — сложное, неоднозначное явление. Для осмысления его закономерностей так же, как и закономерностей культуры в целом, необходимо понимание его значения на основании новой информации, фактов, последних изысканий и открытий в науке, археологии в частности.

Период IV в до н. э. – IV в. ознаменован созданием уникальных высокохудожественных памятников ювелирного искусства Центральной Азии. Это период наивысшего расцвета творчества древних мастеров, сыгравших огромную роль в становлении и развитии центральноазиатских центров ювелирного искусства вначале на землях древней Бактрии (современные территории юга Узбекистана, Таджикистана и север Афганистана), а в XVIII, XIX вв. и начале XX — в Самарканде, Бухаре, Ура-Тюбе, Ходженте, Кулябе и Бальджуане.

Искусство ювелиров древности развивалось в едином стилистическом русле с другими видами искусства, обогащая художественный стиль эпохи, способствуя появлению в нем разнообразных граней и оттенков. К сожалению, несмотря на то, что отдельные памятники привлекали внимание историков, археологов, этнографов, в искусствознании эта тема практически не разрабатывалась. Таким образом, древний период в истории ювелирного искусства Центральной Азии остаётся явлением не изученным, особенно в искусствознании. Публикации находок ограничивались, как правило, описанием, датировкой изделий и поисками аналогий.

Момент кристаллизации художественных черт привел в конечном итоге к вызреванию художественных особенностей ювелирного искусства Центральной Азии, что позволяет понять специфичность данного вида художественного творчества в контексте развития художественных традиций региона.

ГЛАВА I

Из истории изучения ювелирного искусства Центральной Азии

История изучения ювелирного искусства Центральной Азии начинается в конце XIX века. До сих пор специальной работы, охватывающей все памятники этого вида искусства, не существует, хотя отдельные вопросы, связанные с ним рассматривались в публикациях историков, археологов, этнографов и отчасти искусствоведов. Обобщающего же исследования по ювелирному делу Центральной Азии ещё нет. Именно поэтому лучше, по сравнению с древними, изучены украшения XIX–XX вв., так как они были и остаются наиболее доступными для исследователей (в особенности этнографов), благодаря научным экспедициям и изучению известных коллекций музеев России и центральноазиатских стран. И если историки привлекали многие памятники ювелирного искусства в качестве своеобразных иллюстраций к культуре той или иной эпохи, археологи в большей степени описывали украшения наряду с другими находками, а этнографы изучали принципы их ношения, символику, семантику, ареал, а в более поздние периоды связь с костюмом.

Объём литературы, где прямо или опосредованно исследователи касаются ювелирных изделий, достаточно внушителен. Всю известную литературу по данной проблеме можно подразделить на историческую, этнографическую и литературу, посвящённую вопросам культуры и искусства, изданную на русском или других иностранных языках.

К исторической литературе, где можно почерпнуть сведения по ювелирному делу древней Центральной Азии, можно отнести свидетельства Арриана*, Геродота, Квинта Курция Руфа, Ксенофонта, где описывались и ювелирные изделия, как характерные признаки эпохи.

Археологическая литература является основным источником по данному вопросу. Её изучение позволяет выявить находки ювелирных изделий, относящихся к IV в. до н. э. и IV в.

Что касается этнографической литературы, то здесь наиболее значительный вклад принадлежит Л. Чвырь, её монография «Таджикские ювелирные украшения» — одно из наиболее полных исследований ювелирного искусства Центральной Азии XIX–XX века. Во введении к монографии она освещает историю изучения центральноазиатских украшений, отмечая, что «в этнографии изучение среднеазиатских украшений имеет весьма краткую историю. Правда, установление первых экономических, дипломатических и культурных связей между народами Средней Азии и Восточной Европы (главным образом, России) исследователи относят ещё к VIII–IX вв. ...Однако предметом систематического и подробного изучения народов Средней Азии... немногочисленные авторы сообщают первые конкретные данные по традиционной материальной культуре коренного населения».

М. и В. Наливкины в «Очерке быта женщин оседлого населения Ферганы» «описывают украшения сартов», Н. С. Лыкошин в работе «Полжизни в Туркестане» наряду с одеждой описал и носимые здесь украшения, Н. И. Веселовский в «Записках Восточного отделения Русского археологического общества» неоднократно писал о восточных украшениях, об их символике и семантике, например, в таких работах, как «Базбент», «Роль стрелы в обрядах и её символическое значение».

---

* Полный перечень книг и статей см. в разделе «Список литературы».

«Основная работа по сбору и изучению среднеазиатских украшений, — как отмечает Л. Чвырь, — проводилась уже в советское время». Исследовались же главным образом ювелирные изделия конца XVIII–XX вв. Известный советский этнограф М. Андреев, изучая жизнь и быт таджиков долины Хуф, в разделе «Свадьба» упоминает и об украшениях. Особо выделено ювелирное искусство таджиков в одной из последних работ А. Писарчик — в альбоме «Народное прикладное искусство таджиков». С. Русяйкина отмечает характерные украшения таджиков Гармской области. Огромная заслуга в собирании и изучении украшений таджиков принадлежит этнографу Н. Ершову, основателю уникального музея Этнографии в Таджикистане, на основе этнографических коллекций, собранных непосредственно и автором. Его изыскания, посвящены в частности популяризации этих коллекций, в том числе и ювелирных изделий.

В работе З. Широковой «Традиционная и современная одежда женщин горного Таджикистана» существует отдельная глава «Украшения и косметика», где в первом разделе подробно описаны известные в горных районах кольца, браслеты, нашейные и нагрудные, головные, налобные ювелирные изделия и связанные с ними обряды, верования, принципы ношения.

Украшения Узбекистана, их виды, формы, типы и принципы ношения, символика и семантика описаны в исследованиях известных этнографов Н. Борозны, М. Бикжановой, А. Азизовой, М. Сазоновой и О. Сухаревой. Произведения декоративно-прикладного искусства и украшения в частности, описаны в трудах исследователей Киргизии — Е. Маховой, А. Бурковского, К. Антипиной и Э. Сулейманова. Исследованию туркменских ювелирных изделий посвящены работы Г. Васильевой. В упомянутых работах авторы опираются, главным образом, на хорошо разработанный источник — одежду. И хотя украшения выделены в небольшие самостоятельные разделы исследований, однако как вид художественного творчества они не рассматривались.

Историки искусства лишь приступают к исследованию художественных особенностей ювелирного искусства Центральной Азии, при этом их работы посвящены, в основном, более поздним историческим периодам, древний же пока не получил должного освещения. Попытка анализа ювелирного искусства Мавераннахра (область междуречья Амударьи и Сырдарьи), в художественном аспекте предпринята в небольшой статье искусствоведа Д. Фахретдиновой, где на основании исследования отдельных находок (сделанных на указанной территории) автор делает выводы о состоянии и развитии ювелирного искусства данного региона в XI–XIII вв. В монографии «Ювелирное искусство Узбекистана» I глава — «От древнейших истоков» — посвящена краткому анализу древних ювелирных украшений Центральной Азии.

Изделия ювелиров IV в. до н. э. – IV в. стали известны, как уже упоминалось, благодаря работе археологов, их публикациям, что позволило создать сводные таблицы находок ювелирных украшений Центральной Азии. Среди археологов Н. Веселовский первым осуществил научные раскопки на данной территории, принесшие интересные открытия, в том числе и ювелирных изделий. Однако наибольший размах археологических изысканий приходится на 30-е годы XX в. Пожалуй, именно с этого времени практически во всех публикациях раскопок, а также в сводных археологических трудах, описываются и анализируются украшения: ювелирные изделия эпохи бронзы в работах А. Аскарова, В. Массона, А. Мандельштама, а изделия древней Ферганы у Ю. Заднепровского. Одна из работ Б. Литвинского посвящена исключительно украшениям Западной Ферганы, их классификации, датировке, осуществлён поиск аналогий. Изделия Зеравшанской долины описаны в работе Я. Гулямова, У. Исламова и А. Аскарова, украшения Приаралья у М. Итиной. Значительную информацию по древним изделиям содержит сборник «Средняя Азия в эпоху камня и бронзы», в котором наряду с другими находками упоминаются и ювелирные изделия. Металлические украшения эпохи бронзы рассматривает в своей работе Е. Кузьмина, ею собраны все находки этого времени, обнаруженные на территории Центральной Азии. Однако художественный аспект ювелирного дела остался за рамками данного исследования.

Украшения с древней территории юга Туркменистана и Хорезма известны по работам М. Массона, И. Хлопина, О. Вишневской, С. Трудновской, С. Толстого. По результатам археологических исследований составлены таблицы, из которых очевидно, что большинство находок, как и наибольшее число публикаций, приходится на древнюю Бактрию, в состав которой входили современные территории юга Таджикистана и Узбекистана, а также север Афганистана. Интереснейшие и богатейшие находки с этой территории описаны в работах А. Аскарова, М. Дьяконова, И. Кругликовой и В. Сарианиди, Е. Зеймаля, О. Дальтона, Б. Литвинского и Р. Пичикяна, Г. Пугаченковой, А. Мандельштама, Э. Ртвеладзе. Указанные работы — это археологические исследования, где упоминаются и украшения. Однако, в сравнении с другими, бактрийские находки значительно выделяются по своим художественным достоинствам, что позволяет нам в дальнейшем рассматривать древнее ювелирное искусство Центральной Азии, с ориентацией на памятники Бактрии.

Ювелирные изделия раннего средневековья анализируются в специальной работе В. Распоповой «Металлические изделия раннесредневекового Согда».

Помимо изучения украшений из металла ряд ученых исследуют появление и распространение стеклянных и каменных изделий, имевших хождение на территории Центральной Азии. Это работы И. Пташниковой, Г. Дресвянской, С. Трудновской и Е. Салтовской. Существуют работы, в которых украшения рассматриваются как археологический и культурно-исторический материал А. Мандельштам, Б. Литвинский.

К сожалению, при исследовании украшений древнего и средневекового периодов почти не использовались такие источники, как монументальная живопись, скульптура, рельеф.

Фрагментарно это отмечено в работах К. Тревер. Ею, в частности, рассмотрены украшения персонажей с айртамских рельефов. Л. Альбаум, Т. Зеймаль и Б. Литвинский, М. Беленицкий обращаясь к монументальной живописи, обнаруженной при раскопках, как к источнику эпохи средневековья, описывают и изображенные украшения.

Ещё не достаточно известны многочисленные письменные источники и археологические находки, относящиеся к позднему средневековью. Можно отметить работы А. Бобровой, Д. Вархотовой, Э. Кильчевской и Н. Негматова, Г. Брыкиной, Е. Атагарыева, в которых исследуются ювелирные изделия, как памятники материальной культуры.

История ювелирного искусства Центральной Азии не может быть написана полностью до тех пор, пока не введены в научный обиход все обнаруженные за последние десятилетия изделия, не опубликованы письменные источники, хранящие бесценные сведения. Не введены в научный оборот, средневековая поэзия Руми, Рудаки, Фирдоуси, Хайама и других поэтов, которая донесла до нас отдельные описания ювелирных изделий. И потому пока в наших знаниях по истории украшений существует более чем тысячелетнее «белое пятно».

Источники исследования

Две группы источников были использованы в работе: музейные коллекции и опубликованные находки украшений (монографии, альбомы, каталоги, статьи).

Коллекции музеев России, Таджикистана, Узбекистана, Киргизстана, а также экспонировавшиеся изделия из Британского музея и находки из Афганистана (по публикациям). В коллекциях России древние ювелирные изделия Центральной Азии фактически отсутствуют, но для сопоставления и аналогий имеющиеся там украшения оказали неоценимую услугу. В Таджикистане и Киргизстане хранится небольшая часть ювелирных изделий древнего периода, однако в большинстве случаев они представляют собой памятники материальной культуры, и к художественным относится лишь незначительная часть из упомянутых коллекций.

Все украшения, находящиеся в собрании музеев, довольно разнообразны как по материалам, так и по технике изготовления: различаются они и функционально, по формам и орнаментике. Изделия представлены разрозненно, не образуя ансамблей, комплексов.

Изучение литературы с публикациями обнаруженных на территории Центральной Азии украшений, особенно помогло в исследовании.

Данная работа — первая попытка в освещении малоизученного раздела декоративно-прикладного искусства древней Центральной Азии. Однако именно поэтому и в ней невозможно полностью проследить все проблемы, связанные со столь информативным материалом, как украшения.

Представленная литература и музейные коллекции не дают возможности для исчерпывающего изучения истории ювелирного искусства Центральной Азии, так как ещё нет достаточно полных сведений по всем историческим периодам данного региона.

Прежде всего рассмотрим высокохудожественные изделия независимо от материала и техники изготовления: отдельные находки, клады ювелирных изделий.

Кладами, как правило, называют найденные случайно группы украшений или иных памятников искусства, представляющие собой комплекс самых разных изделий и предметов как по видам, так и по хронологии. Таков, например, так называемый Амударьинский клад.

Амударьинский клад

Ярким памятником художественных вкусов центральноазиатской знати V–IV вв. до н. э. (ранняя датировка) и в то же время интересным вещественным свидетельством о взаимовлияниях в ахеменидской Центральной Азии разных культурных и художественных традиций может служить знаменитый «клад Окса», иначе Амударьинский клад, хранящийся в Британском музее в Лондоне[1]*. Клад был найден в 1877 году, на юге современного Таджикистана в русле обмелевшей реки Амударьи или Окса, как называли её в греческих источниках. Клад насчитывает около 220 предметов, среди которых большая часть это монеты V–III вв. до н. э., чеканные в Греции и Малой Азии, в ахеменидском Иране и в государстве Селевкидов[2]. Новейшими археологическими исследованиями было доказано, что Амударьинский клад — это часть сокровищницы так называемого храма Окса на городище Тахти-Сангин, где позднее, в XX веке был обнаружен Амударьинский клад-II (раскопки И. Пичикяна). Первым же гипотезу о принадлежности сокровищ Окса (Амударьинский клад-I) храму на Тахти-Сангин выдвинул мой учитель Б. Ставиский[3].

  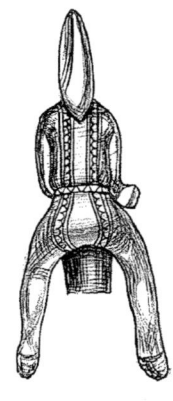

---

* Ссылки на источники здесь и далее по тексту приведены в конце книги, в разделе «Примечания».

«Храм Окса», обнаруженный в западной половине центральной части городища, по-видимому, был построен не позднее III в. до н. э. и существовал, перестраиваясь и реконструируясь, до III–IV вв. Приношения в сокровищницу были разнообразны, это могли быть, прежде всего, монеты, которых обнаружено довольно много, мелкая пластика, вотивные пластины, украшения, сосуды из золота и серебра.

Дары и пришедшие в ветхость украшения самого храма (где открыт полностью квадратный четырёхколонный «Белый зал», размером 12х12м, колонны которого имели базы, нарядные ионические капители; в одном из углов и в портике были установлены крупные алтари возможно храм украшали статуи) сваливались на пол отдельных отсеков, а затем эти отсеки сокровищницы замуровывались. Общее число находок превышает 5000[4]. Так как храм просуществовал не одно столетие, среди находок встречаются произведения искусства, хронологически и стилистически далекие друг от друга. В каталогах, составленных О. Дальтоном и Е. Зеймалем, изделия Амударьинского клада-I разделены на семь групп, включающих круглую пластику, сосуды, монеты, различные мелкие предметы, пластины и, наконец, украшения— кольца, браслеты, гривны, изделия с рельефными изображениями[5]. Для периода, к которому относится Амударьинский клад[6], характерным был имперский стиль искусства Суз и Персеполя, но встречаются отдельные изделия, выполненные в традициях искусства классического Древнего Востока, в стиле искусства степных племён Евразии и, по-видимому, непосредственно в бактрийской манере. Многие изделия поражают высокопрофессиональным мастерством исполнения, техническим совершенством, изысканным вкусом, удивительной моделировкой частей целого.

Дальверзин-тепе

Другой клад, изделия которого также рассматриваются в нашем исследовании, — с городища Дальверзин-тепе (современная территория южного Узбекистана; относится к Кушанской эпохе и найден был под полом маленькой комнаты в богатом доме (ДТ-5)[7]. Этот клад представлял собой небрежно отлитые дисковидные золотые слитки, аккуратные брусочки с надписями, обозначавшими вес (в некоторых случаях дарственными), ювелирные заготовки в виде толстых цилиндрических и миндалевидных обручей, серьги, бляхи, шейные украшения, браслеты, в том числе и в форме обруча со спиралевидной закруткой с двух сторон. Две разрозненные серьги выполнены в той же технике, что и браслеты; верхняя часть третьей имеет вид орнаментального цилиндра с S-образно изогнутым ушком, завершённым змеиной головкой. Среди разнообразных шейных украшений — гривны, ожерелье, пектораль. Своеобразна крупная бляха с горельефной фигурой извивающегося ушастого зверя, окружённого рамкой с сердцевидными гнёздами для инкрустации драгоценными камнями[8]. Раскопки археологической экспедиции под руководством Г. Пугаченковой в долине Сурхандарьи показали, что на месте Дальверзин-тепе был небольшой греко-бактрийский городок, обнесённый пахсовыми стенами. Здесь же сохранилась центральная часть небольшого буддийского святилища, расположенного к северу за городской стеной[9]. Вот почему, очевидно, так не похожи между собой изделия Дальверзинского клада. Одни выполнены в традициях искусства Гандхары (пектораль, ожерелье), другие — серьги, браслеты как бы продолжают линию искусства кочевников, третья — бляха, своего рода «отголосок» звериного стиля, что объясняется отчасти и тем, что «буддизм не был ни единственной, ни основной религией в Бактрии, здесь почитались также божества пантеона «Авесты», эллинские боги».

Тилля-тепе (Золотой Холм)

В отличие от кладов «Храма Окса» и Дальверзин-тепе Тилля-тепе (Северный Афганистан) дал исследователям образцы комплексов или ансамблей украшений. Здесь в 1978 году советско-афганской археологической экспедицией было открыто 6 богатых захоронений (5 женских и 1 мужское), в которых сохранились многочисленные украшения рубежа нашей эры. Всего было обнаружено двадцать тысяч ювелирных изделий из золота со вставками драгоценных и полудрагоценных камней. Стилистически комплексы женских захоронений отличаются друг от друга, в чём усматривается, с одной стороны, определённая этническая принадлежность представительниц женского пола, с другой, возможно, нашли своё отражение веяния моды, эстетика правящей верхушки. Изобилие открытых ювелирных изделий предполагает наличие мастерской, так как огромное количество одних только нашивных бляшек (вырезанных) могло выполнить несколько человек, а не один мастер.

Помимо кладов и комплексов ювелирных изделий известны уникальные высокохудожественные памятники ювелирного искусства Центральной Азии IV в. до н. э. — IV в., обнаруженные, в основном, на территории древней Бактрии; таковы например, серьга из Душанбе[10], находки из могильников Бишкентской долины[11] — золотые серьги, бляшка с изображением «свернувшегося коня», бусины, украшения из Дангаринских могильников[12], ювелирные изделия с городища Саксонахур[13].

Богаты находки из Древнего Хорезма: Уйгарак, Куюсай, Геок-депе, Чирик-рабат, Бабиш-мула, Аяз-кала и др.

Интерес представляют отдельные изделия раннего средневековья в Согде с городищ Ширин-1, Куркатских склепов[14]. Учёт этих находок позволил объёмнее представить ареал изготовления и ношения украшений, где ведущее место принадлежит Бактрии, стране с высокой культурой, которая на правах одной из сатрапий входила в состав Ахеменидской державы (в середине I тыс. до н. э. Бактрия упоминается в Бехистунской надписи персидского царя Дария I). В IV в. до н. э. она была завоёвана Александром Македонским. «Импортные и трофейные произведения греческого искусства, а также вошедшее составным компонентом в имперский стиль эллинское искусство прямо или опосредованно влияли на культуру Бактрии»[15], в свою очередь оказывая влияния на соседние страны.

Вскоре после смерти Александра Македонского Бактрия оказалась под властью Селевкидов, её взаимоотношения с греческими средиземноморскими городами (в этот период) были широкими и регулярными. Посредническая торговля золотом, слоновой костью способствовала расцвету ювелирного и косторезного ремесла на юге современной Средней Азии. Торговые каналы служили одновременно и путями культурного обмена[16].

В середине III в до. н. э. восстание Диодота привело к созданию самостоятельного Греко-Бактрийского царства, названного в древности «страной тысячи городов». Со временем его границы распространились вплоть до северо-западной Индии. Спустя столетие в Бактрию вторглись нахлынувшие из-за Сыр-Дарьи полукочевые народы — среднеазиатские скифы-саки, а затем юэджи, вытеснившие их и осевшие во второй четверти II в. до н. э.; позже из состава юэджей, уже ассимилировавшихся в местной среде, выделилось племя Кушан. Их родовое имя стало затем названием царской династии и могущественной державы[17]. В I–II вв. Кушанская империя распространяла власть на территории современных южных областей Узбекистана и Таджикистана, Афганистана, Пакистана, северо-западной Индии, но уже в III веке прекратила своё существование.

Бактрия в системе кушанского государства играла видную роль, хотя главные политические центры постепенно сместились на юг за Гиндукуш[18].

Исторические, политические и экономические процессы исследуемого периода, охватившие Центральную Азию, нашли своё отражение в культуре, искусстве и мировоззрении народов, населявших этот регион, творивших здесь, оставивших после себя неповторимые памятники монументальной живописи, ювелирного дела.

Глава II

Художественные особенности ювелирных изделий древней Центральной Азии

Художественный «язык» искусства огромного исторического периода достаточно сложен и трудночитаем. Для его последовательного прочтения и понимания художественных особенностей ювелирного искусства IV в. до н. э. – IV в. будем пользоваться набором основных единиц художественного «языка» прикладного искусства (своеобразный словарь), а также правилами их сочетания и преобразования в «тексте» этого «языка» (т. е. «грамматикой», как в естественном языке)[19]. К пониманию «словарь» отнесём известные художественные особенности IV в. до н. э. – IV в. и далее их преломления, «цитирование», сочетание и преобразование в памятниках ювелирного искусства Центральной Азии.

Для выявления художественных особенностей искусства ювелиров указанного времени необходимо выделить уже известные признаки и стили, то есть способы организации формы. Стиль искусства выражает фундаментальные ценности общества[20], являясь техническим приёмом исполнения конкретного воплощения общей художественной традиции[21]. В первую очередь назовём так называемый ахеменидский стиль, которым характеризуется искусство древнего Ирана в период правления Ахеменидов и Бактрии, как одной из сатрапий, испытавшей в своей культуре его влияние. Иногда данный стиль называют имперским, что подчёркивает, прежде всего, его идеологическое значение.

В Пасаргадах при Кире, в Сузах и Персеполе при Дарии I были воздвигнуты грандиозные дворцы, в архитектуре и декоративном оформлении которых отразилось смешение национальных традиций завоёванных стран: Месопотамии, Египта, Анатолии и даже азиатской Греции.

Так по воле этих великих монархов были созданы памятники, предназначавшиеся, главным образом, для того, чтобы служить обрамлением «универсальной», наднациональной власти, полученной от Ахурамазды[22] — верховного божества зороастрийского и ахеменидского пантеонов.

Для композиций подобного стиля и в ювелирном искусстве характерно наличие центра и обрамления — «так выражались идеи искусства классового общества с его иерархической идеологией». Характерной особенностью стиля является стремление к подчёркиванию плоскости. Распластанное на поверхности изображение приближается к рельефу, что объясняется не только влиянием существовавшей идеологии, но и взаимопроникновением, взаимовлиянием других видов искусств — архитектуры, рельефа, скульптуры и мелкой пластики. В архитектурном декоре дворцов и храмов этого времени ведущая роль принадлежала рельефу, и поэтому не только принципы изображения, но и целые сцены, по-видимому, были перенесены из архитектурного декора на ювелирные изделия. Весь круг идей, представлений, интересов древних ювелиров и современных им архитекторов и скульпторов были весьма близки. В их творчестве естественно находили своё отражение древняя культура, идеология, верования и обряды.

Часто встречаются в ювелирных изделиях — дисках, бляхах и других — изображения львов и льво-грифонов с поднятой вверх правой лапой и повёрнутой назад головой. Фигуры помещались в круглую форму или изображались попарно в геральдической схеме, композиционно размещаясь в растянутом прямоугольнике-фризе. Перечисленные особенности ахеменидского стиля нашли своё отражение в украшениях Амударьинского клада, в браслетах, декоративных бляхах, дисках, вотивных пластинках. относящихся к IV–III вв. до н. э.

Глубокая культовая основа искусства породила появление жертвенных пластин, среди которых встречаются подлинные шедевры.

Человек запечатлён древними ювелирами в отдельных украшениях и на вотивных пластинах, как правило, в профиль (в позе донатора). Фигуры подчёркивались плоскими контурными линиями. Изображения, в основном, идентичны, кроме нескольких, где фигуры представлены в фас. Отличительной особенностью некоторых пластин являются обрамления в виде выпуклых точек (у других края плоские).

Донаторы предстоят в самых разных позах с подношениями: мужчина в кирбасии держит в левой руке сосуд с высоким горлом (левая рука считалась сакральной в противоположность правой)[23], у другой фигуры кубок с вертикальной ручкой и конической крышкой, у некоторых в руках копья. Донаторы принадлежат к разным этническим и социальным группам, что подчёркивается не только одеждой, но и головными уборами. Иногда одежда богато украшена, что передаётся выпуклыми кружочками (нашивные бляшки). Есть и изображения обнажённых фигур.

Ни одна пластина в целом не похожа на другую, даже при внешнем сходстве они отличны в деталях, что позволяет делать выводы о творческом подходе к существовашему канону. Позы донаторов и их разнообразие сближают изображения на вотивах с персепольскими рельефами, где мы видим данников огромной империи Ахеменидов. На вотивы Амударьинского клада словно «перешагнули» некоторые из этих донаторов. Отдельные их образы значительно выразительны и мастерски исполнены, несмотря на, казалось бы, одинаковое предназначение: по-видимому, они сделаны разными мастерами, в разных художественно-стилевых манерах, по разному одарёнными, что отразилось в уровне исполнения, хотя ведущим оставался ахеменидский стиль, вобравший в себя элементы культуры и искусства древнего Востока, Малой Азии и Греции[24] и диктовавший свою художественную систему всей империи.

Изображения не были чисто декоративными, они имели определённый глубокий смысл, отвечали мировоззрению общества того времени. Предметы в руках донаторов указывают на их особенное магическое значение. В целом, акт дароприношения вотивных пластин является персонификацией заказчика в лице донатора.

К вотивам могла принадлежать и миниатюрная колесница Амударьинского клада с фигуркой наездника и лощади. Такое предположение возникает при сравнении с идентичной повозкой из Бизенцио, выполненной в бронзе (VII в. до н. э.)[25].

Интересно отметить перекличку изделий Амударьинского клада с искусством этрусков — она прослеживается, например, при исследовании двух золотых голов клада[26].

Миниатюрные головки также могли быть вотивами, хотя они и напоминают навершия каноп (антропоморфных сосудов). В искусстве этрусков VII в. до н. э. изображения человека передавались в большом соответствии с натурой, несмотря на существовавшие каноны в них есть и портретные черты[27]. Стремление древних отразить натурное сходство прослеживается и по амударьинским головкам. Лицо первого, как пишет Л. Дальтон[28], напоминает круглоголовых обитателей Памира и Припамирья. Подобный антропологический тип лица встречается и сейчас на территории Таджикистана. Е. Зеймаль считает, что можно констатировать техническую, типологическую и, очевидно, хронологическую близость двух головок — отдельные их детали показывают, что они выполнены вне русла ахеменидских традиций, могли быть принесены в «Храм Окса» местными жителями.

Другим широко распространённым художественным стилем искусства древнего периода был т. н. *«звериный стиль»*, проявившийся и в ювелирном искусстве Центральной Азии. Ещё О. Дальтон отмечал неоднородность изделий клада, писал о принадлежности их разным историческим периодам. И. Толстой и Н. Кондаков выделили отдельные изделия, близкие скифскому «звериному стилю»

В реальной жизни «звериный стиль» являл собой нерасчленённое единство эстетического, социального и религиозного моментов. Прежде всего, выделим те, благодаря которым «звериный стиль» отличается от уже рассмотренного ахеменидского.

Он характеризуется экспрессивной манерой в передаче изображения животных, где всё подчинено строго заданной форме круга, квадрата, прямоугольника, полусферы.

Этот стиль существовал параллельно с ахеменидским стилем и имел как бы два направления в своём совершенствовании и развитии: древневосточное и скифов Причерноморья.

«В современном скифоведении едва ли найдутся исследователи, — пишет В. Ильинская, — которые бы отрицали значение древневосточного искусства в процессе формирования звериного стиля скифов Причерноморья. За счёт этого влияния, несомненно, следует отнести появление «мотива горного козла с поджатыми ногами и повернутой назад мордой» трактовку в этой же позе ряда других травоядных животных (лося, коня, лани), «мотив грифона» и других синкретических чудовищ, геральдически сопоставленных львов, птиц с распластанными крыльями»[30].

«Звериный стиль» также характеризуется сценами «терзания» животных, передающих идею борьбы тёмного и светлого, добра и зла. Как правило, глаза хищников имеют продолговатую форму, у рыб, птиц — круглую. Уши — короткие круглые у одних животных, у других, в основном хищников, — острые и длинные, иногда с завитками.

Форма тела передавалась при помощи так называемых «точек, запятых», поперечно-рубчатыми полосками передавались рога.

Для «звериного стиля» характерно также симметричное композиционное построение, а именно зеркально-симметричное. Стремление к симметрии было одним из определяющих в древнем искусстве Центральной Азии. Очевидно, это объясняется и тем, что в ритуалах и мифах постоянно ищется равновесие двоичных противоположностей[31] или существованием дуалистического мышления в этот период.

Достижением равновесия является объединение двух частей в одно целое. Яркий пример «звериного стиля» демонстрирует эгрет Амударьинского клада. Это выпукло-вогнутая пластина в виде лежащего льва-грифона — ноги подогнуты, тело изображено в профиль, голова с раскрытой пастью развёрнута в фас. По сторонам массивной шеи симметрично расположены поднятые вверх крылья с загнутыми концами. Длинные уши с заострёнными концами, загнутые назад дугою поперечно-рубчатые рога с золотыми шариками на концах (такие же шарики у основания ушей). Хвост изогнут в две петли и заканчивается крупным заострённым кверху «листом». Эгрет как украшение головного убора мужчины нёс в себе идею мощи, неустрашимости, силы.

Тело животного — рельеф, голова — почти круглая скульптура (см. аграф саков).

Экспрессивная манера передачи лежащего льва-грифона напоминает изделия из Сибирской коллекции Петра I[32]. «Совмещение в одном предмете далеко и обычно не сочетающихся принципов и приёмов (мотив лежащего оленя и лев-грифон; рельеф и круглая скульптура; подчёркивание «узловых» точек тела в металле, инкрустацией; ажурность и объёмность) позволяют считать, что эгрет мог быть создан только на стыке эпох разных художественных традиций»[33]. Возможно, эгрет был «продуктом» т. н. бактрийской школы, основанной на симбиозе художественных древневосточных традиций. Аналогии подобному чудовищу есть в височнике V в. до н. э., обнаруженном на Кипре, что свидетельствует о достаточно широком использовании известных традиций[34]. Амударьинский эгрет отличается большей декоративностью, в то время как кипрский имеет более тонкую моделировку (так, усы переданы тонкими линиями, а у Амударьинского грифона — орнаментом). Имея заданную форму изделия,

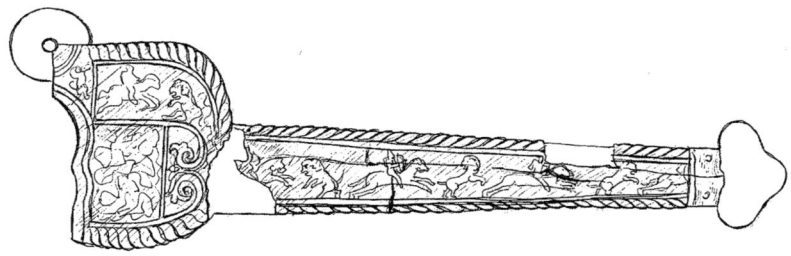

ювелир помещал изображение тела животного в отведённые рамки — так, например, бляха с рельефным изображением двух лежащих кабанов и двух диких козлов представляет собой полусферу, где фигуры животных тесно располагаются друг к другу в зеркальной симметрии, поперечно-рубчатые рога, которых выполнены резцом. Бляха изготовлена опытным мастером, свободно владеющим этим приемом. Помимо вышеуказанных художественных стилей в искусстве данного времени ощутимо греческое влияние: так, например, сочетание «звериного стиля» с эллинистическим прослеживается в фигурке дикого козла Амударьинского клада. Передние ноги его подогнуты и опираются на изогнутую пластинку, (крепившуюся ранее к венчику сосуда и украшенную снаружи гравированной пальметтой — греческий элемент), задние крепились к тулову сосуда. Шерсть козла передана позолотой и гравировкой: широкой полосой на спине и груди, дуговидными полосами на плечах, тесно расположенными и симметрично повторяющимися прядями на лбу. Рога позолочены, разделены на шесть частей поперечными рельефными поясами. В низком рельефе выполнены позолоченные круги на бёдрах, на передних ногах, выше колен — каплевидные позолоченные узоры с разделёнными концами. Рёбра показаны серией параллельных борозд на боках. Уши, глаза и копыта также позолочены. Принцип передачи тела животного напоминает изображения на древнеиндийских печатях Мохенджодаро и Хараппы[35], а также чудовищ с персепольских рельефов, что указывает на связь с древневосточным «звериным стилем». Стремление древних украшать ручки сосудов — свидетельство высокого вкуса. Кроме того, т. к. изображения животных обладали сакральными свойствами,

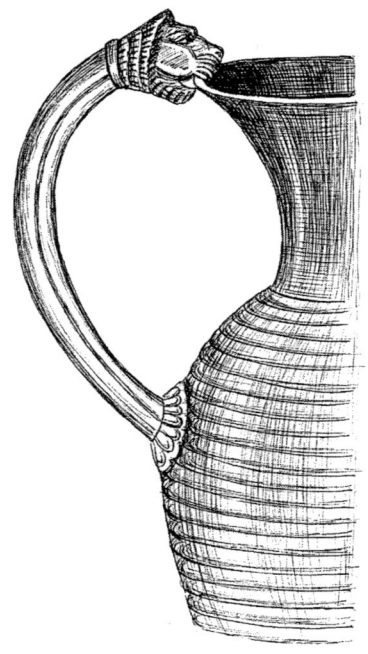

то помещённые на ручках сосудов, они как бы охраняли его содержимое. Так, ручка золотого сосуда из Амударьинского клада украшена головой льва, в пасти которого «зажат» край сосуда. Аналогичный декор встречается на ручках сосудов Крита, Этрурии, Греции, Персии[36]. Использование пальметты на наружной стороне пластинки свидетельствует, прежде всего, о греческом влиянии. В стиле ассирийских рельефов выполнены сцены на ножнах акинака.

Они близки по типу и с другими изделиями Амударьинского клада, например, с серебряным диском или изображением всадника. Фигуры львов на ножнах схожи со львами на неглубокой чаше, правда, на последней изображение упрощено и отличается иным настроением: здесь фигуры львов движутся «в танце», симметрично располагаясь парами по кругу. Это показывает не только широту распространения художественных традиций, но и их развитие, хотя изделия амударьинского клада, в целом, продолжают традиции древневосточного переднеазиатского искусства[37]. Различно и качество предметов клада, что позволяет делать следующие выводы:

— в одной художественной традиции существовало несколько стилевых направлений;

— прослеживаются тесные контакты и связи между народами, взаимопроникновения непохожих культур;

— попытки освоения разных традиций, их устойчивость.

Не следует считать, что имперский стиль ахеменидов исчезает из ювелирного искусства в последующие столетия, к нему ещё вернутся и в первые века нашей эры, а отдельные элементы будут присутствовать в украшениях Центральной Азии и в более позднее время. Это, очевидно, объясняется логикой, имманентно присущей художественным процессам. Целый ряд художественных принципов, приёмов и навыков мастеров древнего искусства, не говоря уже о технике изготовления и декорирования ювелирных изделий, были унаследованы следующей эпохой. То же можно сказать и о большом богатстве орнаментальных мотивов на ювелирных изделиях Амударьинского клада, многие из которых существовали на всем протяжении первых веков нашей эры, многократно повторяясь в раннем средневековье и в более поздние периоды, дойдя до художественного творчества наших дней. Таковы изображения на ювелирных изделиях листа, розетки, лунницы, зубчатый и точечный орнамент, другие древние мотивы, которые возможно не сразу утратили своё символическое значение космических эмблем. Украшения древних ювелиров едва ли не самые значительные произведения древнего искусства Востока. Памятники архитектуры сохранились фрагментарно, но и в них так же, как и в прикладном искусстве, прочитываются влияния искусства Ахеменидов, как, например, во дворце Калагыр, греков — во дворце Ай-Ханум. Реконструкции позволяют увидеть грандиозность, масштабность построек, богатый архитектурный декор. Устремления зодчих были направлены и на художественное выражение строительных конструкций. Как уже отмечалось раньше, тесная связь прикладного искусства и архитектуры прослеживаются в использовании одинаковых элементов декора. Так, гравированная пальметта ручки сосуда из Амударьинского клада почти такая же, как на антефиксе дворца Ай-Ханум[38]. Протомы быков одного из браслетов клада[39] являлись характерной деталью древнеперсидской капители.

Разнообразной была монументальная скульптура, которую, также не миновали уже рассмотренные влияния. Скульптура Ай-Ханум выполнена в греческих традициях, они же видны и в Нисе. «Повсюду эллинизм являл собой интернациональную, совершенную по тому времени культуру»[40].

Древнее искусство свидетельствует о глубоком синтезе всех его видов, об их тесной взаимосвязи и взаимовлиянии. Однако ювелирное искусство, на наш взгляд, как никакой другой вид искусства аккумулирует в себе все достижения материальной культуры, и благодаря уже отмечавшейся жизнестойкости материалов мы имеем возможность изучать по украшениям особенности и достижения не только ювелиров, но и скульпторов, зодчих древнего Востока и Центральной Азии, в частности. Традиции древневосточного и скифского мира помимо Амударьинского клада засвидетельствованы теперь рядом находок в разных районах Центральной Азии: на городищах древнего Самарканда и Чирик-рабат, на севере и на востоке Центральной Азии — находками из могильников Уйгарак, из погребений Памира и Семиречья[41].

Значение художественных изделий Амударьинского клада для суждения об искусстве Центральной Азии IV–II вв. до н. э. особенно проявляется на фоне наших слабых знаний памятников иных видов художественного творчества этого периода.

Другим ярким памятником является коллекция украшений Тилля-тепе. Это уже не разрозненные предметы, а комплексы, ансамбли ювелирных изделий, относящиеся к более позднему периоду по сравнению с Амударьинским. Их художественные особенности очевидно свидетельствуют о возникновении в это время самостоятельного и самобытного направления, не похожего на уже известные. Возможно, толчок к появлению иного, нового направления в ювелирном искусстве был сделан кочевниками, известную роль также могли играть и не исчезнувшие традиции Греции, отличавшиеся, как известно, удивительным мастерством в передаче живой натуры. Формы изделий этого периода также заметно отличаются от предшествующих. Ювелирные украшения Тилля-тепе, в целом, имеют жесткие очертания, их отличает иллюзорная объёмность, создаваемая за счет вставок, характерна приземистость пропорций. Фигуративные изображения доминируют, хотя встречаются и стилизованные образы животных. Эти изображения представляют собой своеобразные фризы, композиции в круге. Чаще используются сюжеты мифологического содержания. В целом, тематика обогащается по сравнению с более ранним периодом. Встречаются изображения львов, кабанов, змей, а также рыб и птиц. Птицы переданы в профиль, как и четвероногие, люди же изображались «развёрнутыми» на зрителя, иногда в полуобороте, с определёнными жестами, в движении. Всё это вызвано в искусстве новыми историческими, политическими, экономическими и идеологическими событиями рубежа веков.

Все тиллятепинские украшения демонстрируют образцы творческого освоения и развития различных традиций, что нашло отражение одновременно во всех видах искусства и архитектуры этого периода. Богатый архитектурный декор рельефов Айртама[42], росписи и скульптура Халчаяна[43] оказывали определённое воздействие на развитие ювелирного искусства этого времени.

При этом достойно внимания замечательное совпадение в характере рельефа и трактовке ювелирных изделий — бляшек, подвесок.

Отличительная особенность ювелирных изделий Тиллятепе в том, что они представляют собой уже не разрозненные украшения, а комплексы, ансамбли, где представлены все виды изделий, объединённые не только тематически, но и ритмически. Так, например, в VI погребении всё подчинено единой теме — любви, плодородия, продолжения рода, а украшения IV погребения, например, выдержаны в едином ритме повторения овала. Уже в I погребении ансамбль составляют пектораль, височная подвеска и маленькое колечко, многочисленные нашивные бляшки.

Фигурно-орнаментальное разнообразие нашивных изделий поражает выдумкой и мастерством исполнения, так как выполнены они в разных техниках.

В ансамбле изделий II погребения среди головных украшений встречаются шпильки для волос, великолепной работы височные подвески, застёжки в виде «амуров на дельфинах», а также браслеты для рук с головами антилоп (окончания), подвеска на грудь в виде Афродиты, кольцо, ожерелье, пара ножных браслетов и, конечно же, нашивные украшения. Все они объединены в ансамбль единой темой плодородия. Однако стилистически изделия между собой не близки (существует мнение, что такое различие отчасти объясняется тем, что изделия могли быть привезёнными, захваченными во время набегов кочевников). Одни, например, выполнены в эллинистических традициях, другие (браслеты) в традициях «звериного стиля». А шпильки для волос ближе к искусству Китая. Можно предположить, что ювелиры пользовались «цитатами» из определённых художественных стилей. Словно следуя лучшим традициям древности, выполнены браслеты данного погребения (см. браслеты Амударьинского клада). Удивительна реалистическая передача голов антилоп, глаза животных из вставок граната и бирюзы вызывают ощущение натурального взгляда, плотно прижатые уши, поджатые ноги передают эффект прыжка. Литая миниатюрная фигурка Афродиты выполнена в высоком рельефе. Она являлась центром-доминантой нагрудных украшений. В XVIII–XX вв. таджики носили аналогичное нагрудное украшение, называемое «хайкаль». В названии «хайкаль» сохранилось указание на изображение божества, носимого на груди: арабское «хайкаль» — скульптурная фигурка, изображение[45]. Совершенно не исключено, что подобные свидетельства указывают на существование аналогичных украшений в разные исторические периоды. Богиня Тилля-тепе словно помещена в нишу, где справа к ней прижимается амурчик. Пышнотелая, она — само олицетворение чувственного начала, грудь перехвачена опоясками, подчёркнут выпуклый живот.

Лицо передаёт своеобразный этнический тип, который часто воспроизводится в украшениях Тилля-тепе: миндалевидные глаза, нос с лёгкой горбинкой, широкие брови. Тематически фигурка Афродиты близка «амурам на дельфинах» (образам на застёжке). Однотипные, повёрнутые к зрителю разными сторонами, фигурки (пустотелые) амуров отлиты в горельефной технике (прорезной). Амур сидит верхом на рыбе, которой приданы черты дельфина. На головах дельфинов пышные трехзубчатые султаны, а тела покрыты ячейками, имитирующими рыбную чешую. Мастера, создававшие это украшение, скорее всего, лишь понаслышке знали о существовании дельфинов и потому изобразили их согласно своему представлению или по рассказам очевидцев. В начале XX века в Узбекистане (Ташкенте) носили броши «Тунагич» — «рыба-дельфин»[46]. Эта удивительная аналогия служит подтверждением определённой консервативности ювелирного искусства, благодаря чему сохранились многие древние образы. Головы сидящих на дельфинах крылатых амуров-эротов с округлыми застывшими лицами украшены венками, из-под которых на шею ниспадают мелкие локоны; такие причёски, как известно, характерны для представителей высшего сословия (ср. фигурку «ахеменидского царька» из Амударьинского клада). Изображения эротов известны и по сокровищам Старой Нисы, где в хранилище аршакидских царей сохранилась аналогичная серебрянная статуэтка[47]. Пышные тела тиллятепинских амуров, опояски на груди, черты лиц сближаются с изображением Афродиты и тем самым свидетельствуют об изготовлении их одним мастером в одной художественной традиции. Застёжки были своеобразным переходом (ритмическим) от височных подвесок к фигуре Афродиты.

Сюжетные сцены височных подвесок, убедительно атрибуированные Г. Пугаченковой и Л. Ремпелем как изображение «повелительницы драконов» или богини-охранительницы городов (стенная корона, мужской кафтан), имеют аналогии как в скульптуре, так и в вышивке[48]. Особо примечателен идентичный мотив богини с драконами на шёлковой вышивке III–IV вв. из Кара-Булакского могильника в Киргизии, где этой тканью было покрыто лицо погребённого[49]. Здесь, по-видимому, существовал обряд, схожий с тем, что и в Тилля-тепе, тела покойников были покрыты тканью с узорами, вытканными золотой нитью. На ткани из Кара-Булака изображена женщина в длинном платье и в венце, держащая в вытянутых руках двух драконов с длинными носами, раскрытой пастью, двумя передними и одной задней лапой. Богиня со змеевидными или другими живыми существами — широко распространённый мотив в древнем мире на громадной территории от Средиземноморья до Юго-Восточной Азии (характерный пример — изображение богини на подвеске так называемого Аегинского клада с о. Крит)[50].

Подвески грациозны, изображения чудовищ близки аналогичным образам среди украшений Амударьинского клада, литьё их требовало высокого мастерства как при изготовлении модели, так и доработке. Композиция вписана в почти квадратную форму. Определенный эмоциональный настрой создает инкрустация бирюзой и альмандинами. Придавая камням нужную форму, удаляя неровности и вставляя в изделие, ювелир дорабатывал их затем плоской шлифовкой, легкой полировкой. Сочетание красного (гранат) и желтого (золото) создавало эмоциональную напряжённость, которую «снимала» бирюза своим нежно-голубым цветом. Загромождённая деталями и инкрустацией геральдическая композиция в целом гармонична и уравновешена. Динамичным резким линиям (чудовища) противопоставлены мягкие плавные линии фигуры богини, «бег цепочек» прерывается круглыми формами дисков и розеток. Трактовка фигуры богини, её одеяние не выявляет объёма даже активным использованием цвета (вставки), однако по сравнению с амударьинскими изделиями здесь ощущается большая свобода в изображении.

Ритмической паузой ансамбля служило золотое ожерелье, отличающееся высоким мастерством исполнения и художественным вкусом[51]. Бусины изготовлены пустотелыми из тонкого золота и инкрустированы цветочками из бирюзы. Ребристая поверхность бусин придаёт ожерелью изящество. Наряду в золотом здесь используется слоновая кость, возможно, попавшая в Бактрию из Индии.

Многогранные бусины состоят из ромбов, иногда оконтуренных двойным кольцом из зерни. Конические застёжки ожерелья обильно, в несколько рядов, украшены зернью в виде треугольников, в отдельных случаях составляющих ромб. Все бусины надевались на кожанный шнурок. Аналогичное ожерелье известно по находкам комплекса Бабишмула (IV–II вв. до н. э)[52], что свидетельствует о широкой популярности такого вида украшения.

III погребение, по-видимому, было женским, так как в ансамбль его украшений входят диадема, шпильки для волос, подвески в виде протом лошадей, ожерелье, застёжки в виде амуров на дельфинах, застёжки с изображением воинов, раструбообразные браслеты, гривна такого же типа, перстни, кольца, а также разнообразные нашивные украшения[53].

Диадема состояла их четырех золотых полос, которые соединялись завязочками. Она сближается со скифскими калафами[54]. Аналогии ей находим в искусстве Египта, Крита, Ливана, где изделия такого типа увенчивали головы погребенных[55].

Застёжки, по-видимому, разделяли разные виды одежды. Те, что с амурами, могли находиться на горловине платья, а пряжки с воинами украшали верхнее одеяние. Первые выполнены в сложной технике ажурного литья (повторно встретившиеся образы амуров на дельфинах подтверждают высказывание учёных о проникновении античных божеств в круг кушанского пантеона), свидетельствуя о глубокой эллинизации среднеазиатского населения[56]. На застёжках изображены амуры, скорее бактрийские, чем греческие, с уже известным характерным типом лица (миндалевидные глаза и пр.). Обильно использована инкрустация. Бирюзовые вставки на теле рыб-дельфинов указывают на их «причастность» к водной стихии и одновременно создают иллюзорную объёмность, подчёркивая формообразующую роль цвета. Хвосты рыб больше похожи на цветок, что подтверждает чисто декоративную задачу, которую ставили перед собой мастера. Декоративные элементы, составляющие хвост рыбы, аналогичны т. н. деревьям, фланкирующим изображения «воинов», свидетельствуя об изготовлении этих украшений одним мастером, работающим в определённом художественном направлении.

Пряжка с изображением воинов принадлежит к числу лучших образцов среди изделий Тилля-тепе, являясь уникальной в силу высокопрофессионального исполнения, художественной наполненности и совершенства образа. Она была обнаружена в погребении рядом с гривной и, возможно, служила креплением плаща или накидки. Фигуры «воинов» в полном боевом облачении (зеркальное отражение) — шлем, копьё, меч, щит — напоминают греческого бога Ареса. Образ и одеяние «воина» (складчатая юбка, плащ, сандалии) аналогично изображениям богов на рельефах храма Белы в Пальмире[57].

Вся поверхность пряжки словно орнамент. Несколько смещённая к краю композиция передаёт внутреннее напряжение. Пластическая фигура воина подана в рельефе, ювелир словно «вынул» лишний металл, открыв изображение. Фризовая двухцентровая композиция дана с подчёркнутыми вертикалями и горизонталью. Сцена напоминает стражей у врат. Беспокойный ритм линий передаёт внутреннюю динамику. Вокруг центральной фигуры видим своеобразную «раму» — еле заметное в начале композиции (у внешнего края) дерево и маленькие драконы с крыльями у его основания. Сильно изогнувшееся тело дракона опирается на задние когтистые лапы (овальные углубления, возможно, для вставок), а контуры передних лап подчёркнуты снизу мелкими косыми насечками, изображающими короткую шерсть. Такие же насечки видны на теле золотого козла из этого же «клада». Всё это говорит о существовании единой художественной системы, в рамках которой были известны подобные принципы изображения животных и, в частности,

передачи шерсти насечками. Возможно, что использование зеркальной симметрии в изображениях связано с древнейшими близнечными культами[58], либо с использованием двоичных противоположностей. Другие украшения — такие, как гривна и браслеты с раструбообразными окончаниями, передают характерный тип изделий кочевников, так как окончания их — считает Н. Аванесова — напоминают пастуший рог[59].

Набор золотых пластинок этого погребения мог составлять такой же единый ансамбль украшений, как, например, комплекс женского захоронения Мелитопольского кургана IV в. до н. э.[60]. В III погребении находилось ожерелье, аналогичное ожерелью из II. Здесь бусины литые, некоторые с ложной зернью, четыре бусины инкрустированы фаянсом и бирюзой. Небольшое золотое колечко, завершающее ан-

самбль ювелирных изделий данного погребения, аналогично колечку из I погребения. Как видим, набор украшений сближает все три погребения, два последних особенно, и образует определённый комплекс, ансамбль предметов. Прежде всего, это головные украшения — диадемы, шпильки, височник; нашейные — гривны, ожерелья; нагрудные — в виде набора разнообразных нашивных блях различной конфигурации, образующих когда-то сложный многоярусный узор; застёжки; украшения для рук — браслеты, кольца, ножные браслеты. Весь этот комплекс изделий просуществовал до начала XX века, благодаря стойкости традиций, кропотливости и сложности художественной обработки металлов.

IV погребение — мужское — будет рассмотрено ниже, после анализа женских захоронений.

V погребение не столь богато по набору украшений, однако здесь мы знакомимся с оригинальными видами ожерелий, браслетов, серёг, ещё не встречавшихся ранее, хотя и сближающихся по отдельным деталям с уже известными (таковы, например, ножные браслеты с раструбообразными окончаниями).

Уникально составное ожерелье с подвесками. К ряду бусин прикреплён набор блях с инкрустацией, чередующихся с X-образной пластинкой, напоминающей рога, третий ряд ожерелья — миндалины с дисками, имитирующими, на наш взгляд, монеты. Так, в Центральной Индии, например, найдено большое количество терракотовых имитаций римских монет, использованных в качестве украшений[61].

Оригинален браслет из этого погребения со спиралевидной обмоткой (такой же, как на браслетах Дальверзин-тепе)[62]. Он представляет собой сборную «конструкцию», где соединены три овальных щитка — с янтарём, с голубым камнем (вырезано изображение стоящей женщины, которое можно сравнить с изображением на щитке кольца — Греция IV в. до н. э., Музей Торонто)[63], белым и чёрным. Все края щитков украшены зернью. В целом весь набор ювелирных изделий по стилю сходен с украшениями I, II и III погребений.

Самое богатое из шести захоронений — VI, условно названное погребением «скифской царицы». Здесь представлен полный ансамбль украшений, который, очевидно, носила замужняя женщина, принадлежащая к высшему кругу. Голову венчала диадема с височниками, уши украшали клипсы, на шее было ожерелье, фигурные застёжки крепились на одежде, на руках запястья, кольца, ножные браслеты[64].

Диадема, вырезанная из листового золота и обильно украшенная подвесками, имитирующими листву, принадлежит к шедеврам ювелирного искусства не только древнего периода. Верхняя её часть — в виде деревьев с птицами, нижняя имеет вид ленточно-фризовой композиции с розетками, как на родосских головных уборах[65].

Двойной ряд височников представлял собой ритмический переход от головных украшений к нашейным, нагрудным. Первые аналогичны височникам I погребения, вторые — височникам III погребения. Одинаковы и техники, в которых они выполнены, однако последние близки и в композиционном решении — это сцены «богиня с животными». По мнению В. Сарианиди, изображена Анахита — властительница живой природы и всего сущего.

Аналогии данным височникам находим в украшениях из скифского кургана «Толстая могила»[66]. Несмотря на зеркально-симметричное изображение, уже известное по находкам, сцены на подвесках отличаются друг от друга небольшими деталями: на одной — слегка выдвинутое бедро богини придаёт фигуре «подвижность», на другой поза статична. Этот эффект мог быть достигнут случайно, так как там, где присутствует «движение», больше внутреннего «вынутого» пространства. Завершали убранство головы и лица погребённой клипсы с изображением купидонов. Все украшения «царицы» акцентируют чувственное, эротическое начало. Так, тема любви и брака передана в ажурной застёжке с изображением «свадебной сцены» Диониса и Ариадны. Образует застёжку фризовая зеркально-симметричная композиция из двух квадратов. Многофигурная сцена вписана в квадрат и подчинена структуре вещи. Отдельные образы, например, летящей Нике, сближают это изделие со стилем росписей Дура-Европос[67]. Перегруженная бирюзой поверхность застёжки больше напоминает искусство ткани или коврoделия, чем скульптуру или рельеф. Вставки фиксируют основные композиционные линии. В целом, стиль и детали изображения близки всем предметам такого типа из Тилля-тепе, свидетельствуя о принадлежности их одной художественной школе, одной мастерской. Так, одежды изображены известными ранее приёмами (ср. юбку «воина» с застёжек III погребения), складки — в виде прямоугольников со вставками бирюзы[68].

Уникально по своему исполнению ожерелье из крупных пустотелых бус. Каждая бусина украшена тончайшими пятилепестковыми розетками, оконтуренными мелкой зернью, инкрустирована мелкими бирюзовыми вставками. Застёгивалось ожерелье двумя коническими застёжками, богато орнаментированными бирюзовыми сердечками, оконтуренными мелкой зернью.

Изготовление такого хрупкого (из листового золота гранёные бусины, инкрустированные бирюзой) ожерелья требовало от мастера высокопрофессионального владения материалом. Мастерство ювелира здесь доведено до виртуозного владения техникой обработки металла.

Ожерелья встречались и во II, и III погребениях, свидетельствуя, по-видимому, об обязательном ношении такого вида украшения, состоящего из бусин, что отражало систему мировоззрения древних. Завершают сложный ансамбль украшений царицы золотые браслеты (на запястьях) овальной формы с несомкнутыми концами, завершающимися скульптурными изображениями головок фантастических животных. Морды животных с разинутыми клыкастыми пастями инкрустированы бирюзой. Скульптурные головки, пустотелые у основания, декорированы рельефными лентами. Эти браслеты с окончаниями в виде львиных голов, напоминают запястья из II погребения, браслеты из Амударьинского клада[69] и находки в Зивиё[70].

Итак, анализ украшений I, II, III, V и VI погребений позволяет атрибутировать их как женские. Сходство украшений свидетельствует об изготовлении их в одной мастерской, в традициях бактрийского искусства, представлявшего собой сплав греческих, индийских и древнеперсидских элементов, что позволяет увидеть тесную взаимообусловленность всех элементов декорирования, объединённых в единое композиционное целое.

И, наконец, IV погребение — мужское. Доминирующим элементом ансамбля украшений здесь был пояс великолепной работы. Шею погребённого украшала пектораль, руки — два браслета, на ногах, точнее на шароварах, пряжки[71]. Костюм в целом обильно декорирован бляшками и другими нашивными изделиями, придающими особую помпезность, возможно, так же, как и на костюме погребённого из кургана Иссык[72].

Золотой пояс был знаком отличия (подробнее о значении пояса — в главе «Виды и формы... »). Основу его составляют круглые рельефные бляхи (9 шт.) и широкая золотая цепь. На бляхах девять раз изображена богиня Кибела, восседающая на льве. Ни разу не повторяются ни поза, ни жесты богини, что придаёт изделию особую выразительность. Отличает это украшение свобода владения формой. Каждая бляшка, полая внутри, очевидно, отливалась в индивидуальной матрице, в высоком, почти круглом, рельефе в виде однотипной композиции, вписанной в круг со смещённым центром. Изображение льва сближается с индийским искусством, с образами в нумизматике. В этом же погребении была найдена монета с аналогичным изображением «бесстрашного льва». В целом, ансамбль украшений IV погребения объединяет круглая форма всех ювелирных изделий и их детали — в композиции, например, между центром и бордюром бляшки идёт цепочка из углублений для вставок, которая идентична цепи пекторали. Пектораль состоит из восьмёрок, в центре помещена камея, как и на пекторали из Дальверзина[73], где на интталии изображён Геракл. Круглые прорезные пряжки с такой же композицией со смещённым центром. Круг (форма изделия) образован лавровым венком, внутри которого изображена сцена путешествующего вельможи, в колесницу которого впряжены фантастические существа, так характерные для искусства этого периода. Пряжки выполнены по законам зеркальной симметрии. В основной круг «вписан» прямоугольник, в нём и изображена колесница с вельможей.

Поза путешествующего, его взгляд, запрокинутая назад голова передают ощущение созерцания. Чудовища (изображены парящими) «несут» колесницу по небесам. Сцена предельно выразительна, обилие бирюзы усиливает декоративность пряжек. Человек в колеснице в длинном складчатом одеянии, узколицый, с раскосыми глазами, маленьким носом, на голове рельефно выделена косичка; коротко стриженые волосы переданы насечками. В. Сарианиди отмечал аналогии пряжкам в китайском искусстве[74].

Умение вписывать композицию в геометрическую форму, в данном случае круг, строгое равновесие частей целого свидетельствует уже о зрелости стиля. Круглая форма в ансамбле украшений данного погребения главенствует, форме ожерелья вторят круглые бляхи пояса, им, в свою очередь, форма пряжек, пластины с изображением животных; закруглены ножны меча, фалары и т. д.[75]. Фигурка горного барана (венчающая головной убор) вписывается также в круглую форму[76]. Именно подчинение ювелирных изделий специфическим особенностям и образному строю костюма определило формирование самобытных форм и типов украшений. Мастера прекрасно чувствовали орнаментальную природу изделий и их связь с костюмом, телом человека, что нашло отражение в масштабности и ритмическом строе изделий, в преобладании вертикальной симметрии, обусловленной строением человеческой фигуры. Четкость и ясность скульптурных форм, выразительность и изящность изделий, понимание декоративных задач — все это говорит о высоком искусстве древних ювелиров. Тонкая гармония колорита, мягкость, певучесть линий, подчеркнутая графичность силуэтов, яркая полихромия, пластичность, сочная скульптурная лепка, изящество плетения формы и отточенность технических приёмов, не могут не вызывать эстетического наслаждения и восхищения. Сложность художественной обработки металлов в раннекушанский период, секреты технологий, способы и приёмы — все это передавали ювелиры из поколения в поколение, бережно сохраняя традиции, виды изделий. Анализ изделий Тилля-тепе показал, насколько для ювелирного искусства этого периода характерно разнообразие видов и форм, многообразие способов и приёмов художественной обработки металлов, виртуозное владение сложнейшими видами литья. Значительным в этот период был и расцвет монументальной живописи, скульптуры, получила развитие архитектура. Воздвигались монументальные статуи «воинам» и местным правителям[77]. Высекались декоративные рельефы, в которых, как и ранее (ср. с украшениями Амударьинского клада и рельефами того времени), четко видна близость по тематике и характеру к изображениям ювелирного искусства. Надо отметить, что и скульптура, и рельефные изображения, и живописные персонажи имеют ювелирные украшения.

Ярким примером может служить Айртамский рельеф, где у музыкантов разнообразные как по видам, так и по форме ювелирные изделия[78], дополняющие наше представление об украшениях древнего периода. Из монументальной живописи назовем росписи Халчаяна[79] и Дильберджина[80].

Предварительное сравнение всех этих памятников и изделий ювелирного искусства свидетельствует о существовании единой художественной школы, вобравшей в себя известное разнообразие стилей, что связано не только с общим уровнем развития искусства: ювелиры, как и другие ремесленники, жили интересами своего общества, отвечали на его запросы и вкусы. В тематике ювелирного искусства этого периода значительно расширился круг используемых образов. В изображениях выступают как мифологические, так и эпические сюжеты. Среди образов богов следует отметить часто встречающееся изображения Ареса, Геракла, Афродиты, это объясняется, по-видимому, тем, что именно эти божества больше других почитались в это время. Существовала связь ювелирного искусства и с древней поэзией, литературой, музыкой, что прослеживается в поздние периоды — так, например, в лирике, живописуя образ любимой, поэты описывали её украшения и использовали сопоставление женской красоты с работой ювелира[81]. Ювелирное искусство ранних Кушан отличается от искусства периода расцвета державы. В целом же, искусство этого времени демонстрирует слияние различных по происхождению мотивов в произведениях самобытных, вобравших в себя элементы традиций, вызвав к жизни интересные памятники. Отсутствие единого для всего региона канона при тесных и разнообразных связях многочисленных школ — существенная черта не только среднеазиатской торевтики, как пишет Б. Маршак[82], но и для ювелирного искусства. В одном городе могли работать мастера разных школ и, напротив, в разных центрах могли работать представители одной школы[83].

Богатство Бактрии золотом предопределило здесь развитие златоделия. Она познакомила кочевые народы степей с достижениями высокой эллинской культуры. Греческие каноны были быстро освоены и переработаны в соответствии с местными вкусами и художественными традициями[84].

Эллинизм, как считает В. Полевой[85], определенным образом «выравнивал» художественные культуры Востока и античного мира.

Таким образом, оценивая выбранный нами период, можно отметить следующее: к началу V в. в ювелирном искусстве Центральной Азии произошло слияние разнообразных художественных течений в единый стиль, характеризующий этот регион, нашедший своё яркое выражение и в украшениях (например, Тилля-тепе), свидетельствуя о высоком мастерстве древних.

Глава III
Виды и формы ювелирных изделий древней Центральной Азии и их технические особенности

Как показал проделанный нами анализ, ювелирные изделия Центральной Азии IV в. до н. э. – IV в., характеризуются многообразием форм и назначением. Основные виды украшений распределяются по принципам ношения, что объясняется, прежде всего, ритуальными и социокультурными особенностями данного вида художественного творчества, напрямую связанного с условностями социального этикета, а также с наиболее устойчивыми формами эстетики бытового поведения:головные, височные, ушные, нашейные, нагрудные, для рук, ног, нашивающиеся на одежду и, наконец, вотивные пластины и мелкая пластика. Остановимся на часто встречающихся формах и видах ювелирных изделий.

Головные украшения (диадемы, короны, перевязи налобные или наголовные)

В древности головные уборы определяли статус носящего, что видно по золотым вотивам Амударьинского клада с изображением донаторов или по мелкой пластике (фигурка ахеменидского царька и др.). А начиная с эпохи эллинизма, головной убор имел исключительно социально-идеологическое значение[86].

Пластинка с изображением гусей из Амударьинского клада[87] могла быть украшением головного убора. Использование в рисунке чередования пары птиц и разделяющих выпуклых точек в виде вертикальной линии определяло симметричную композицию, которую безошибочно можно продолжить, повторив тот же орнамент, восстановить не сохранившиеся части украшения. Пластина имеет зубчатый край вверху, что сближает её с головными украшениями персонажей на вотивах и царского происхождения — на перстнях.

Диадемы III, VI погребений Тилля-тепе уникальны. Первая, в виде ажурной решётки из тончайшего золотого листа, и самостоятельно надеваться, очевидно, не могла из-за своей хрупкости и большой длины. По-видимому, она нашивалась или крепилась на головной убор. В орнаменте отчетливо вырисовывается мотив повторяющегося креста[88].

Диадема VI погребения состоит из двух сборных элементов: низ — лента с розетками, верх — деревья с птицами[89]. Аналогии ей прослеживаются в искусстве Кореи и Китая[90].

В раннем средневековье был распространён уже иной тип головного убора, напоминающий по форме кочевое жилище — юрту[91]. В отдельных деталях (низ в виде ободка с цилиндрическими шумящими подвесками) он сходен с названными диадемами, что свидетельствует о преемственности традиций, о культурных связях.

Головные и налобные украшения известны нам по монументальной живописи, скульптуре, рельефу, керамике. Например, на кувшине кушанского времени (на корневой части ручки) помещено погрудное изображение женщины в налобной повязке с «драгоценными» камнями[92] посредине. Голову богини из Дильберджина венчает диадема, слегка расширенная в верхней центральной части, постепенно сужающаяся с боков, словно фронтон[93], окрашенная жёлтой охрой, что, очевидно, символизировало цвет золота, с последующим нанесением темно-коричневой краской орнамента из кругов и слегка вытянутых прямоугольников. Греческими по форме можно назвать головные повязки I–II вв. на скульптуре Дальверзина («зал царей»); одна щедро «покрыта» овальными самоцветами, другая имеет посредине многолепестковую розетку со следами позолоты[94]. Такой вид налобных украшений встречается и на рельефах Айртама[95].

Принцип ношения и форма налобных украшений не изменилась и в VII в., что видно по диадемам бодисатв Аджина-тепе[96]. Они представляют собой полоски из концентрических кругов, овалов со вставками в центре в виде валика, образованного рядом повторяющихся овалов. О согдийском головном украшении из камней сохранились следующие исторические сведения — властитель Самарканда носил «золотой венец» с семью драгоценными камнями[97]. А в Ассирии, например, Ассурбанипал в торжественных случаях вместе с высокой митрой надевал широкую ленту: усеяннная розетками из золотых нитей, она придерживала высокую митру на лбу; связаннные концы ленты ниспадали на затылок[98]. Очевидно, претерпев различные трансформации, подобная повязка явилась исходной формой для перевязи. Необходимо заметить, что так называемые конструктивные особенности сближают ювелирное искусство с архитектурой, поэтому, наверное, низ короны воспринимался как архитектурный фриз, где декор строится по законам фризовой композиции, с повторением элементов или группы элементов. Таким образом, наголовное украшение служило не только элементом выделения, подчеркивания социального статуса, но и одновременно являлось необходимым завершением художественного образа: человек, словно архитектурное сооружение, приобретал значение замкнутой эстетической системы.

Височники, или височные подвески

Часто головную перевязь, диадему дополняют височники, которые подобно портикам несут конструкцию диадемы: внутри височников могут изображаться сюжетные композиции (см. Тилля-тепе). Чаще всего височники имеют форму прямоугольников или квадратов. Среди изделий Амударьинского клада подобный вид украшений не встречался: по-видимому, височники такого типа входят в употребление на рубеже новой эры, так как известны пока лишь по находкам Тилля-тепе.

Сцены, заполняющие пространство височников, напоминают изображения рельефных композиций, росписей. В период раннего средневековья форма височников становится иной. Для них будет характерна дробность, многочастность, жесткая вертикаль[99]. Сюда же примыкают украшения для волос — шпильки, бронзовые стержни которых венчают диски с миниатюрными цветочками. Это наиболее древний вид головных украшений, распространённый не только в Центральной Азии, но и сохранившийся в более поздние периоды в Китае (см. коллекции Эрмитажа).

Ушные украшения

Во все времена одним из популярных видов украшений являются серьги. Бесконечно разнообразие их видов и вариантов. На рельефах Персеполя среди данников изображён бактриец, одно ухо которого украшает серьга каплевидной формы[100], что свидетельствует в данном случае о ношении серёг мужчинами. Среди изделий Амударьинского клада встречаются серьги аналогичного типа. Такой тип серёг распространён и в наши дни. В древнем Иране кольцевидные серьги, например, изображены в ушах стражников на рельефах Суз[101].

Подобные серьги бытовали в Центральной Азии и во II в. до н. э., и во II в. н. э. — это подтверждают находки из могильников (см. серьги из находок Бишкентских могильников)[103]. Таким образом, очевидно, что мужчины в отличии от женщин носили одну серьгу, есть этому подтверждение и в этнографии, и в сегодняшнем дне. Разнообразие материала, из которого изготавливали серьги, убеждает, что их носили все слои населения, и потому археологами обнаружены не только золотые и серебряные, но и бронзовые, латунные, железные, медные. В Тулхарском могильнике, например, были обнаружены серьги, по форме, напоминающие птицу[104],

здесь же найдена серьга с амфоровидной подвеской, где ручки амфоры трактованы в виде изогнутых стилизованных дельфинов. Это ещё раз демонстрирует разнообразие образов и тем, которые использовались в серьгах. Появление амфоры и дельфинов — свидетельство греческого влияния, распространившегося во II–I вв. до н. э. на территории Центральной Азии: широко эти мотивы стали применяться в первые века нашей эры[105]. В могильнике Ксиров (II в. до н э.), например, обнаружены серьги в виде петушков с подвесками-лунницами, другие в форме «перца» с подвеской и золотым диском[106]. Такие диски роднят эти украшения с изделиями Тилля-тепе (ср. серьги I погребения). Помимо серёг встреча-

ются клипсы — сердечко с квадратиком (V погребение Тилля-тепе), в виде крылатых купидонов (VI погребение). Последние представляют собой не просто ушные украшения, а скульптуру в миниатюре. Изображение подчинено форме изделия: пухлые лица и тела купидонов вынесены вперёд, а ноги загнуты по обручу[107].

Интересна серьга в виде женщины-сфинкса, обнаруженная в Душанбе[108].

Она представляет собой протом сфинкса с вытянутыми лапами. Сфинкс с женской головкой в невысокой стенной короне, с пышными грудями, между которыми крест-накрест проходят опояски; и в первые века новой эры встречаются аналогичные формы серёг. Они представляют собой как бы упрощенный вариант амударьинских или тиллятепинских, немного отличаясь техникой изготовления, как, например, не полностью сохранившаяся серьга в виде полого цилиндра, орнаментированного сеткой с зернью и ушком в виде змеиной головки из Дальверзина[109]. Серьги айртамских рельефов демонстрируют разнообразные сочетания геометрических фигур: кругов, прямоугольников, ромбов; только одна серьга в виде трёхлепестковой розетки[110]. Золотые серьги из клада Шамши, например[111], отличаются от ранних дробностью формы, имеют конусовидные подвески с шариками на концах. Подобная сложная, составная форма изделия вызвана стремлением создать динамически активное украшение с «поющим металлом». Известен и другой вид серёг этого времени (раннего средневековья). Основа их формы — лунница, к которой припаяно 17 лучей-трубочек. Серьги Согда[112] имеют в основе овальную форму с подвесками. Близкие им аналогии находим среди изделий Пальмиры, Хатры, Дура-Европос[113]. И это вполне закономерно: не только серьгам есть аналогии в искусстве Передней Азии, так как исторически эти области в древности входили вначале в древнеперсидскую ахеменидскую державу, затем в Империю Александра Македонского, позднее в царство Селевкидов. Аналогии пенджикентским серьгам VII–VIII вв. встречаются в Фергане и Семиречье, имеют отдельное сходство с наход-

ками из тюркских погребений Средней Азии и Сибири[114]. В монументальных средневековых росписях лишь отдельные персонажи имеют серьги (см. Балалык-тепе). Так, серьга слуги в виде трилистника такая же, как на более поздних айртамских рельефах, что показывает не только существование традиций и их преемственность, но и определяет социальный статус изображённого. Встречаются серьги в виде розетки (Балалык-тепе), но в основном они шаровидной формы[115].

В живописи Аджина-тепе серьги так называемого «салтовского типа» из двух шариков, соединенных между собой перемычкой, другие в виде крупных спиральных колец[116]. И если височники — исключительно женское украшение, имеющее и конкретное назначение, связанное с их ношением лишь в определённый период (необходимая принадлежность наряда новобрачной), то серьги — украшение достаточно демократичное и мобильное.

Нашейные украшения

К нашейным или нагрудным украшениям относятся: ожерелья, бусы, гривны, пекторали. Одни служили, возможно, только украшением, другие выполняли магические или утилитарные функции. Так, гривны держали накидки и оберегали от удара в бою: по мнению М. Горелика, на гривне из Толстой могилы есть зазубрина от топорика, о её частом ношении свидетельствуют и реставрационные работы, выполненные в древности[117]. Спиралевидные браслеты из Амударьинского клада могли быть также и гривнами[118], в силу обстоятельств скрученные в спираль. Имея зооморфные окончания, они (гривны) составляли единый ансамбль с браслетами. Части окончания в виде голов львов. В сибирской коллекции Петра I, например, встречаем сакскую гривну с львиными головами на концах; найденную близ Архангельской слободы гривну также украшают головы львов. Огромно разнообразие гривн на айртамских рельефах, они более массивны по сравнению с ранними образцами. Гривна с браслетами из Дальверзина имеет раструбообразные окончания[119], гривна в Центральной Азии и Персии — атрибут воинского чина.

Пекторали — нашейные украшения в виде цепи, имеющей посредине вставки. Они имели определённое социальное значение, так как подобное украшение мы встречаем лишь у представителей высшего сословия или при изображении божеств[120]. Пектораль из IV (мужского) погребения состоит, например, из широкой цепи восьмёрок с камеей в центре. Ей известны аналогии в парфянском искусстве — серебряная пластина I в. до н. э. с изображением парфянского царя в диадеме и пекторалью с медальоном посредине. К I в. н. э. относятся пекторали с Дальверзина[121]. Одна из них состоит из двух половинок концентрических обручей, спаянных по краям. В центре — инталия с изображением Геракла: гемма, возможно, попала на пектораль во вторичном использовании, так как изображение оказалось в «лежачем» положении. Персонажи айртамских рельефов также имеют пекторали[122]. Аналогичны пекторали на рельефах Пальмиры (женские персонажи)[123]. Такое же украшение на скульптуре «военачальника» из Шами[124]. Р. Кинжалов отмечает портретное сходство парфянского царя с серебряной пластины и так называемого «военачальника»[125]. Форму пекторалей напоминает другое Дальверзинское ожерелье, состоящее из пяти шнуров, сплетённых в косичку из восьми проволочек, закреплённых в отверстия двух полых, изогнутых цилиндров с драгоценными камнями: крепившийся в центре камень утрачен. Г. Пугаченкова считает, что такие ожерелья[126] нередко изображались в гандхарской пластике у некоторых знатных адорантов, но особенно часто как атрибут принца Сиддартхи (впоследствии Будды Гаутамы) и бодисатвы Матрейи (Будды Будущего), принадлежавших к высшей касте буддийского общества. В натуре такое ожерелье найдено впервые.

Неповторимо прекрасное ожерелье V погребения Тилля-тепе. По своей конструкции оно сближается с греческими образцами, но по отдельным деталям (подвески) оно ближе искусству кочевников и бактрийцев (смешанный синтезированный сплав)[127]. Форма ожерелий напоминает древние гривны — такие, как из Толстой могилы. Все детали и элементы декора здесь в виде объёмных шаров видоизменяются от шара к кругу, капле, переходя в плоский диск. Диски могли быть своеобразным подражанием монетам и наоборот; так, позднее, в ожерельях диски, возможно, заменили на монеты. В XVIII–XX вв. у народов Центральной Азии и Казахстана известны ожерелья, где в качестве подвесок использовались любые монеты. Таджики называли такие украшения «таньга» (монета), казахи (алка). В III и IV погребении Тилля-тепе были обнаружены бусы: одни инкрустированы фаянсом и бирюзой, другие только бирюзой, а выпуклость и вогнутость граней сближает последние с формой бумажных фонариков, настолько они изящны и хрупки.

Витые гривны без пронизи и с крупной пронизью на ленте можно видеть на шеях участников пира с росписей Балалык-тепе (фиг. 7, 13, 18, 21)[128]. Гривны, пекторали, перевязи — характерное украшение лишь верхних слоев общества, знак отличия.

Украшения для рук

Браслеты

Из рассмотренного ранее материала и из составленных таблиц (находок ювелирных изделий на территории Центральной Азии) очевидно, что другим популярным украшением являются браслеты. Они имели, в основном, подтреугольную — омегообразную или спиралевидную формы (см. браслеты Амударьинского клада), могли быть массивными (литыми) или хрупкими, иногда имели зооморфные окончания. Обручи их могли быть гладкими или рифлёными и отливались отдельно, а окончания припаивались позже. В целях магических и украшательских ювелиры использовали вставки, перегородчатую инкрустацию.

Браслеты носили как мужчины, так и женщины, по одному или парами, подразделялись на два типа: сомкнутые и несомкнутые. Женщины Индии, например, носили браслеты в замужестве, в Риме излюбленной формой браслетов были спиралеобразные круглые кольца непременно с окончаниями в виде голов змей, символизирующих молодые жизненные силы[129]. Возможно, женский браслет, произошёл от мужских военных колец, связанных не только с защитой руки от ранения. Бывают и ножные браслеты.

Иногда по размеру и весу браслета можно предположить его принадлежность мужчине или женщине. Массивные литые браслеты могли носить мужчины (ср. омегообразные браслеты с изображением грифонов из Амударьинского клада), а изящные, хрупкие — женщины (ср. браслет с головками уток Амударьинского клада, выполненный из золотой проволоки). Браслеты Аму-

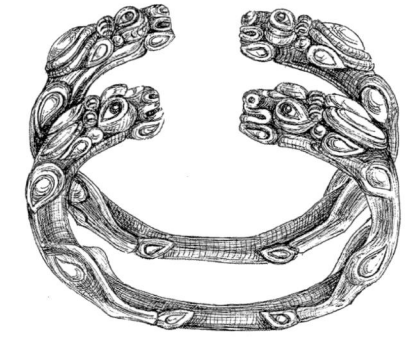

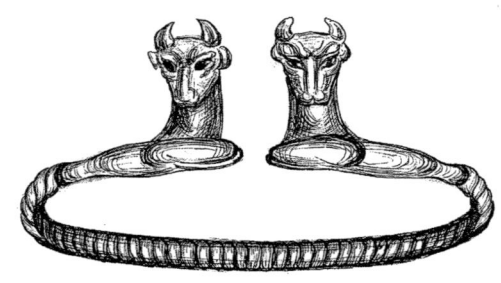

дарьинского клада составляют группы несомкнутых и сомкнутых типов. Первых значительно больше — 12. Однако браслеты двух типов объединяет наличие ячеек для вставок. Почти везде сами вставки отсутствуют, лишь на браслете 116 (Амударьинский клад) сохранилась вставка лазурита и на браслете 113 (там же) в некоторых гнездах — пластинки бирюзы самой разнообразной конфигурации: прямоугольные, круглые, треугольные, каплевидные.

Все браслеты Амударьинского клада близки друг другу не только формой, но и технологией изготовления, свидетельствуя о единстве традиций, существовании определённого художественного канона. Тот факт, что среди изделий клада было обнаружено много заготовок и отдельных элементов украшений, указывает не только на то, что здесь

могли быть и дары храму, но и на наличие мастерской при нём, как это было в Ай-Ханум, например [130].

Браслеты II в. до н. э. — II в. н. э. имеют много общего с Амударьинскими, но также демонстрируют новые формы и типы, в частности, браслеты Тилля-тепе II и VI погребений несомкнутого типа с зооморфными окончаниями и инкрустацией, например, в виде голов антилоп. Особо популярным видом браслетов Тилля-тепе были так называемые раструбообразные, или «пастуший рог».

В женских захоронениях (I) такие браслеты имеют мягкие очертания, в мужском (IV) у них ребристые края и в окончании вместо круга — прямоугольник. Одни выполнены в технике литья, другие — ковки. Встречаются такого типа и ножные браслеты[131], и гривны.

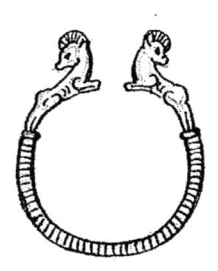

Кроме упомянутых браслетов известны сомкнутые со спиралевидной обмоткой[132], аналогичные находкам Дальверзина[133] (см. браслет V погребения Тилля-тепе). Разнообразны по форме и декору браслеты на Айртамских рельефах[134]. В росписях Балалык-тепе[135] на скульптуре Аджина-тепе, например, видим плечевые браслеты, напоминающие по форме головные перевязи с украшением в центре в виде розетки, треугольника или прямоугольника[136]. Согдийские браслеты VI в. просты по форме, окончания слегка утолщены: такой тип браслетов был широко распространён[137]. Браслеты с росписей Пенджикента[138], Афросиаба (судя по изображению) имели вставки с цветными камнями и в целом схожи с браслетами Балалык-тепе и Аджина-тепе. Таким образом, браслеты, как и серьги, были достаточно доступным видом украшений широкому кругу социальных слоёв населения.

Перстни, кольца

Среди украшений Амударьинского клада немало перстней-печатей, круглых, имеющих щитки разной формы и конфигурации. Такие перстни легче классифицировать по изображениям на щитках, технологически же их можно подразделить

на перстни-печати с гладкой стремявидной шинкой, круглой или овальной, подтреугольной. Изображения на щитках встречаются двух типов — антропоморфные и зооморфные. На одном перстне изображены даже две фигуры (мужская и женская). Однако на большинстве щитков преобладают изображения животных — быков, грифонов, оленей, львов, пантер[139]; использована ажурная резьба, выемчатые гнёзда, а также прием расположения ног животного.

Все перстни можно разделить на четыре вида: с рубчатой дужкой, с дужкой в виде шариков, гладкой и с рубчатой насечкой. Исследуя захоронения, археологи установили, что кольца носили на левой руке, на указательном и средних пальцах, и встречаются они, в основном, в женских захоронениях[140]. Кольца-печати более поздних периодов мало чем отличаются от древних. Перстни-печати можно подразделить на несколько групп: перстни-печати; перстни с гладким щитком; перстни с гнездом для вставки, перстни только для вставки, перстни с легкими гнездами, перстни, сплетённые из проволок. «Почти у всех фигур Балалык-тепе на мизинцах обеих

рук надеты золотые кольца-печати, покрытые орнаментом. В верхней части прикрепляется золотой овальной формы ободок, также орнаментированный, в который, по-видимому, была инкрустирована гемма-печать»[141]. Таким образом, мы видим, что в средневековье знать носила кольца-печати из золота со вставками и на мизинцах. На Аджина-тепе известен тип кольца с подвижным замком[142].

Перстни-печати Согда иногда имели изображения животных — горного барана, двугорбого верблюда-бактриана, козла, птицы[143]. Эти перстни были выполнены с учётом уже известных древних традиций, характерных для этого вида. Один из перстней имеет на щитке изображение двустрочной надписи

курсивным согдийским письмом. В средневековье такой тип декора займет ведущее место. Есть среди согдийских перстней, перстни, имеющие на щитках несложный орнамент. «Распространение печатей можно объяснить развитой деловой жизнью, когда юридические акты (договоры об аренде, о купле-продаже, брачные договоры и т. д.) скреплялись печатью»[144]. Форма колец и перстней сохраняется долго. Изображения на щитках видоизменяются, отражая историко-культурные и политические процессы развития общества.

Украшения одежды

Украшения одежды можно подразделить на нагрудные и нашивные: к первым относятся разнообразные застёжки, поддерживающие края накидки или плаща. Их немного известных нам по находкам из некрополя Тилля-тепе, но каждая пара — это неповторимый памятник ювелирного искусства. Просты по форме застёжки I погребения, изящны по рисунку застёжки II погребения (в виде амуров на дельфинах), аналогичны по сюжету и застёжки из III погребения (только здесь бескрылые амуры). Интересны пряжки с изображением воинов и так называемой «свадебной сцены»[145].

Особую группу (самую многочисленную) составляют разнообразные нашивные изделия и мелкие амулеты-подвески, выполненные иногда в технике штампа. Особенно много нашивных украшений в некрополе Тилля-тепе.

К украшениям одежды относится и пояс как элемент мужского костюма. Пояс — обязательная деталь, атрибут воинского костюма (см. пояс из IV погребения Тилля-тепе)[146]. Пояса сохраняются в мужской одежде раннего средневековья. Если в более ранний период пояса были металлические, то позднее они представляют собой сочетание, например, кожаной основы и металлических блях[147]. Пряжки, как и сам пояс[148], являлись предметом культа. Опоясывание является магическим заключением себя в круг и действие носит апотропеический характер.

* * *

Разнообразие видов и форм ювелирных изделий древности и средневековья, демонстрирует не только их количественный показатель, но и качественный уровень, а также их назначение: украшения повседневные и ритуальные (погребальные). Проанализированы лишь погребальные и вотивные украшения, но возможно, что отдельные изделия, найденные в могильниках, могли надеваться и при жизни, как, например, серьги, браслеты, кольца. В предыдущем разделе («Художественные особенности») и в данном, мы немного затрагивали технику изготовления ювелирных изделий, следующий раздел будет посвящён специально методам, приёмам и способам художественной обработки металлов, что позволит выявить и проследить не только технический уровень развития ремесла в IV в. до н. э. — IV в., но и процессы накопления художественного опыта поколений, понять само существо изделия, представить себе работу мастера, его мысли, мастерство.

Оценивая виды и формы ювелирных изделий IV в. до н. э. — IV в., можно в первую очередь отметить их многообразие. Многие из описанных видов сохранялись долгие годы, столетия, вплоть до сегодняшнего дня. При всем обилии, а порою и чрезмерной пышности оформления, они всегда оказываются подчинёнными особенностям человеческой фигуры, конструктивному построению костюма.

Полный набор украшений, выявленный нами на Тилля-тепе, использовался в праздничном костюме или в обрядах — свадебном, похоронном, подчеркивая исключительность события, придавая облику участвующих в обрядах людей соответствующую эмоциональную выразительность.

Технические особенности ювелирного искусства Центральной Азии

Дошедшие до нас фрагменты ювелирных изделий, сохранившиеся литейные формы, заготовки свидетельствуют, что большинство украшений выполнялось в технике литья. Так, например, различные по форме кольца (см. Амударьинский клад, Тилля-тепе) могли отливаться в литейных формах из сепии или мелкого песка[149].

Когда требовалось отлить более крупные предметы или большее количество моделей, то для этого использовалось (и используют до сего времени) литьё в формах из песка. Формы из сепии можно применять только один раз — сепия выгорает. Мы можем только предположить, что тогда ювелиры использовали формы из сепии, т. к. это довольно древний способ. Известно, что сепии употребляют и сейчас в ювелирном деле для литья колец. Сепии — известковые овальные раковины морского моллюска-каракатицы размером от 8х4 см до 15х6 см, который водится во всех морях Европы, однако чаще встречается в Адриатическом. В затвердевшем состоянии они, с одной стороны заполнены мягким известковым веществом. Раковину сепии разрезают в продольном направлении на две половины или на три части (в зависимости от модели кольца и высоты каста — короны). Известковое вещество сепии вырезают ножом, затем обрабатывают отдельные части на широкой поверхности, например, напильника, и трут одну часть о другую до тех пор, пока обе половины (третью часть пришлифовывают снизу) тесно не примкнут друг к другу. Модель кольца вдавливают посредине одной части головкой вниз только до половины продольной оси, и так далее[150].

Прежде чем создать какое-либо ювелирное изделие мастера, по-видимому, делали предварительные рисунки, на которых тщательно продумывалась композиция будущей вещи, отрабатывались детали. Лишь затем изготавливалась форма для литья, как, например, было описано выше, восковая модель или матрица. На восковой модели-матрице тщательно прорабатывались все детали изделия, после отливки украшения полировались, «одевались» полудрагоценными или драгоценными камнями. В отдельных случаях украшения дорабатывались резцом или пуансоном. (Надо отметить, что используемая нами терминология обозначения методов, приёмов и способов художественной обработки металлов взята из более поздних исторических периодов, т. к. от периода IV в. до н. э. — IV в. не сохранилось каких-либо письменных источников, знакомящих нас с технологией ювелирного дела.) Места для вставок на отдельных изделиях делались заранее.

Мастер отбирал точное количество камней необходимой конфигурации и подготавливал в форме для литья места для вставок, как, например, на Тилля-тепинских застёжках. Для усиления художественного эффекта ювелирных изделий использовали прочеканку сверху. Драгоценные металлы, как известно, хорошо поддаются чеканке. Обычно этот способ применяют для работ объёмно-скульптурного характера, так как в основе чеканки лежит тщательная скульптурная проработка наружной поверхности ювелирных изделий. Для чеканки, как правило, используют листовой металл толщиной 0.40 мм, всю поверхность которого закрепляют в мастике на чеканочном полушарии. Литые массивные предметы плотно закрепляли, например, в тисках. Возможно, так было и при изготовлении литых височников в виде «царицы» из Тилля-тепе[151].

Литые из двух половинок височники (видны швы соединения, частично закрытые кастами и бляшками) дорабатывались лёгкой чеканкой. Во время работы мастер держит и ведёт чекан левой рукой, а правой чеканочным молотком слабыми или при необходимости сильными ударами по чекану моделирует форму согласно рисунку[152].

Многочисленные нашивные украшения часто выполнены в технике штампа. Штампы целых ювелирных изделий или отдельных частей готовятся специальными инструментами. Для отбивки рисунка используют выпуклые или углублённые штампы (см. нашивные бляшки Тилля-тепе).

По весу и размерам височники с изображением Анахиты, например (Тилля-тепе), могли быть изготовлены методом вдавливания. На деревянную основу с вырезанным сюжетом накладывался тонкий лист металла и затем под определённым давлением металл «загонялся» в заданную форму, пространство. Такой способ художественной обработки придавал изделию матовость и не очень отчётливую форму контуров.

Для придания украшениям изящности применяли зернь (грануляцию). Техника зернения известна с древнейших времён многим народам, знакомым с металлообработкой вообще, ювелирным делом, в частности. Так, в IV в до н. э. она была известна в Ольвии; в IV в. до н. э. ею пользовались ювелиры Средиземноморья; в VI–IV вв. до н. э. её находим в искусстве саков, а позже — и у усуней. В более позднее время этой техникой пользовались в Сирии (VI–VII вв.) и Византии (X в.)[153]. На территории Средней Азии зернение сохранилось до наших дней, это один из отличительных приёмов декорирования украшений южных областей, например, Таджикистана (Куляб).

Сохранившиеся приёмы получения зерни могли быть аналогичными и в древности: первый и наиболее простой способ получения зерни заключается в том, что мелко расстолчённый уголь (древесный), смешанный с кусочками серебра, золота, плавят в тигельке из огнеупорной глины; затем содержимое тигля опрокидывают на железный лист или в посудину с холодной водой. В результате получаются мелкие шарики — серебряные, золотые, которые употребляются для отделки украшений (см. ожерелье Тилля-тепе). Зернь напаивалась на изделия в форме треугольников, ромбов, пирамид, крепилась на естественные смолы; при напаивании использовали горн, что обеспечивало её плотное прилегание.

Известен и другой способ приготовления зерни: проволока с сечением 1-2 мм, протянутая через волочильную доску, нарезается на мелкие кусочки, длиной 1-2 мм. Диаметр проволоки и размеры кусочков определяли качество и величину зерни. Для получения зерни хорошего качества лили каждое зёрнышко отдельно, для чего в куске древесного угля мастер просверливал большие углубления, которые закладывал подготовленными обрезками металла (серебра или золота), смоченными в растворе буры. Этот уголь ставился в горн, где он раскалялся до тех пор, пока не начинали плавиться кусочки металла. В этот момент мастер щипцами доставал из горна горящий уголь и вытряхивал расплавленные серебряные или золотые капельки в ванночку с холодной водой, где, остывая, они приобретали форму мелких зерен. Этот способ, при крайней трудоёмкости, давал довольно хорошие результаты: зернь получалась правильной формы. На наш взгляд, именно таким способом пользовались мастера при изготовлении зерни для украшениий Тилля-тепе. Известно, что для изготовления зерни высокого качества требуется большое профессиональное мастерство, которым и отличались древние мастера.

Другая техника, используемая в древности и в средневековье, — тиснение; его могли производить на бронзовом или медном бруске, на нижнюю сторону которого наносилось нужное изображение. Затем пластину помещали на наковальню и ударами деревянного молоточка наносили нужный орнамент. Применялось тиснение при изготовлении поясных пряжек: например, в слое VII в. древнего Пенджикента была найдена бронзовая матрица для тиснения поясных наконечников удлинённой формы, с каплевидным концом, слегка согнутыми боковыми сторонами, верхняя сторона которой покрыта рельефным растительным орнаментом[154]. Раскопки древнего Пенджикента показали, что в VII–VIII вв. существовали многочисленные мастерские металлообработки. На территории только одного города было 28 мастерских по обработке железа и бронзы, мастерские по обработке цветных металлов, где выполнялось тиснение из тонких листов металла по бронзовым матрицам[155]. Согдийский ремесленник был мелким товаропроизводителем. Он арендовал лавку или мастерскую богатого городского землевладельца, где производил и реализовывал свой товар. В городах существовали кварталы ремесленников, особым почётом среди них пользовались ювелиры. И сегодня в названиях улиц городов сохранились такие, как Заргар (ювелир).

Краткий анализ технологии ювелирных изделий исследуемого периода позволяют сделать следующие выводы:
- способы, приёмы и методы художественной обработки металлов и изготовление ювелирных изделий находились на значительной высоте;

- мастера отлично владели многообразными техниками — штамп, литьё, ковка, гранулирование (зернение), гнутья, пайки, вдавливания и т. д.

Используя анализ процесса овладения творческими навыками современными мастерами, можно сказать следующее — только при двадцатилетнем практическом опыте ювелир мог с таким совершенством соединять плоскость и объём, применять декорировку (см. украшения Тилля-тепе). Первые три года, как показала практика, ювелиры учатся работать на плоскости; овладев, таким образом, своеобразной первой ступенью, мастера пытаются создавать объёмные изделия, что представляет собой второй этап освоения ремесла. И только проработав десять лет, мастер осуществлял попытку соединения объёма и плоскости.

Вот почему только отдельные памятники можно отнести к шедеврам. Ювелирные украшения исследуемого периода продемонстрировали высочайший уровень мастерства соединения объёма и плоскости.

Ремесло ювелиров так же, как и другие ремёсла в древности, было тесно связано с религией, ритуалами, обрядами, что нашло отражение в представленных сценах и сюжетах, орнаментах, в использовании тех или иных камней, количества вставок и т. д. Всё это имело глубокое символическое значение, систему определённых знаков, которые объясняли ощущения мастера, его мировоззрение и многое другое. И потому следущая глава будет посвящена символическим значениям украшений и попыткам их расшифровки и прочтения.

Глава IV
Символика и семантика украшений

Каждое ювелирное украшение представляет собой информационный символ. Апотропеические эмблемы, взятые из повседневной жизни, эпоса, мифов, используемые в ювелирном искусстве, имели магическую силу. Популярность того или иного мифологического сюжета была связана с интересами людей и событиями эпохи, так как ювелир жил её идеями и иногда не был чужд известной злободневности, проявляя интерес ко всему новому, что волновало общество.

По изображениям на украшениях можно составить представление об утраченных видах утвари, разнообразии одежды, не сохранившимся памятникам скульптуры, рельефа, архитектуры. Увидеть, какие прически носили в те далёкие времена и т. д. Ювелирные украшения служили не только для декорации костюма. Особая функциональная роль украшений была связана с так называемыми переходными обрядами. Их в первую очередь использовали для особо торжественных случаев — коронования, присвоения воинского звания, похорон, свадеб. Они имели разнообразное бытовое и культовое значение.

Помимо украшательства ювелирные изделия выполняли следующие роли[156]:
- религиозно-магическую;
- функцию знака половозрастных групп населения;
- функцию имущественного дифференциатора;
- функцию знака территориального деления групп.

Как амулеты украшения имели две функции: охранную и «множительную», связанную с идеей плодовитости.

Создаваемый образ у древних обладал магической силой. «Нанести изображение на украшение, одежду — значило «вселить в них духа». Это был своеобразный способ «освящения» вещей, их приобщения к потусторонним мистическим силам»[157].

Всем изображениям придавался определённый внутренний смысл, все они были призваны служить средствами воздействия на солнце, воду, землю и зверей, на все то, что он обожествлял[158].

Все символы искусства, как показало исследование, группируются вокруг нескольких парных (двоичных) противоположностей[159]. Система парных противоположностей лежала в основе древнего искусства, соответствовала принципу организации дуалистических мифологий. Так, противопоставление левого — женского начала и правого — мужского было связано и с различиями цветов: женский цвет — красный, мужской — белый. Солнце — женское начало, луна — мужское. Единообразие религиозных воззрений, связанных с небесными светилами, приводило к сходным материальным воплощениям этих верований независимо от этнической принадлежности носителей этих верований[160].

Крест как эмблема солнечного божества, символ воскресения и бессмертия изображен на диадеме из III погребения Тилля-тепе. Крест как круг или квадрат «разграничивал» внутреннее и внешнее пространства, подчеркивал идею центра, выступал как геометризованный вариант мирового древа, символизировал смерть[161]. Солнце и Луна представлялись добрыми божествами, карателями всякой нечистой силы и зла; их появление приносило жизнь, здоровье, благополучие. Эти свойства были перенесены на условные изображения светил, игравших роль чудесных оберегов[162]. Все, что было связано с богом, небом и небытием, определялось нечётным числом. Из всех чисел самым священным в Центральной Азии считалась семёрка. Число 7 — «магическая семёрка» — наряду с тройкой самое популярное во многих мифологических системах. Сущность его в том, что представление о всепронизывающей силе числа семь основано на его взаимосвязи с фазами и циклами Луны[163]. Под этим числом подразумевали дни недели, Большую Медведицу, семь сфер, семь видов цветов и красок. С нечётными числами связывали представления о счастливом, благополучном, считали олицетворением совершенства. Число три, например, наиболее значимое во многих мифологических системах, идеальная модель любого динамического процесса, предполагающего возникновение, развитие и упадок, реализуюшаяся, в частности, в вертикальной структуре вселенной[164]. Все вышеупомянутые символы присутствуют в украшениях древней Центральной Азии, как в основной форме изделий, так и в деталях.

Рассмотрим другие символические значения ювелирных украшений, например, использование зооморфных изображений, которые имели собственную символику. Так, часто встречающийся образ льва в мифологии и фольклоре многих народов представлял собой символ высшей божественной власти, величия, солнца, огня. Со львом связывали ум, благородство, великодушие, доблесть, справедливость, гордость, триумф, надменность, бдительность, храбрость. Лев как символ, отмечают В. Сарианиди и Г. Кошеленко, часто встречается на монетах греко-индийских и сакских царей, но совершенно исчезает в кушанскую эпоху[165].

Как пишет Е. Антонова, лев символизировал разрушительную мощь женского божества, и далее — у индоевропейских народов, в древних и фольклорных текстах дикие животные считались «животными богов»[166]. К животным, наделённым сакральными свойствами, у народов Центральной Азии относится горный козёл и баран, их считали носителями солнечной энергии. Козёл почитался как символ плодовитости, изображения рогов, мотивы их в орнаментах довольно часто встречаются в украшениях[167]. Широкое распространение, особенно в более поздние исторические периоды, например, в са-

санидском искусстве, получил образ барана как воплощённого фарна — доброго духа, хранителя домашнего очага[168].

Изображения птицы, не раз встречавшееся в ювелирных изделиях IV в до н. э. – IV в., было тоже популярным. По иранской мифологии птица отождествлялась с высшей мудростью, огнём, солнцем. В индоиранской мифологии птица, особенно водоплавающая, олицетворение и спутница богини-матери, связана с водной стихией. В ритуальном плане изображение пары птиц символизировало плодородие, благополучие, богатство, а пара уток в фольклоре многих народов — знак супружеской любви[169].

С плодородием связывали и образ змеи (см. серьгу с Дальверзин-тепе, фигурное украшение в виде змеи из Амударьинского клада и др.). Почти во всех мифологиях змея связывается с землей, женской производящей силой, водой, дождём.

Представление о змеях как апотропеях особенно ярко проявилось в украшениях со змеиными головами. Стилизованный мотив змеи часто встречается на браслетах, здесь, очевидно, присутствует идея охраны человека от злых сил, дурного глаза. Змей считали охранителями умерших от злых духов. У горных таджиков существовала вера в великого волшебника «Шохи моро», живущего на вершине горы и являющегося повелителем всех змей и драконов. Поэтому дерево и змея часто имели одно символическое значение. Жители Дарваза, Ванча, Язгулема, Рушана, Шугнана в орнаменте использовали мотив змеи[170], что свидетельствует о жизнестойкости древнейших мифологических символов. У греков почитался змей Эрихфонист, сын богини земли Геи, а в храме Афины содержались многочисленные змеи, посвящённые богине мудрости. В Индии один из триады богов Вишну изображался возлежащим на Великом змее Шешнаге[171]. Лунная змея так же, как рога и шипы, относится к наиболее распространённым символам лунной религии. Рыба и змея — взаимозаменяемые символы[172].

Среди изображений фантастических животных в ювелирных изделиях часто встречается грифон. Появление грифона в Центральной Азии относится к V–IV вв. до н. э. Первоначально иконография его слагалась в древнейших государствах переднеазиатского мира[173]. В греческой мифологии грифон — это чудовищная птица с орлиным клювом и телом льва[174].

В античном и средневековом искусстве Центральной Азии грифон — оберег против зла, колдовства, тайных наветов. Известен образ льва-грифона, который проникает в искусство Центральной Азии в V–IV вв. до н. э. из Ахеменидского Ирана. Греки считали «родиной» грифонов Бактрию, причем в разных историко-художественных провинциях они имели свои изобразительные варианты — лев-грифон, собаковидный грифон, коневидный грифон[175].

В монументальном искусстве Тохаристана грифон получает более обобщённую пластическую разработку, что отчасти связано с его архитектурной ролью. В искусстве средневекового Согда — монументально-декоративную трактовку[176].

Изображение сфинксов в украшениях, у египтян, например, символизировало периодические разливы Нила, которые просходили в период солнцестояния в области знаков Девы и Льва, и потому сфинксы изображались в виде льва с головой женщины и мужчины[177].

Сфинкс считался эмблемой мудрости и силы, в греческой мифологии — это чудовище, порождённое Тифоном и Эхидной, с лицом и грудью женщины, телом льва и крыльями птицы[178].

К антропоморфным изображениям относятся образы богов. В IV в до н. э. – II в в Бактрии значительно увеличивается пантеон божеств: от Диодота до Гермеса, Зевс, Диоскуры, Геракл, Апполон, Афина, Артемида, Ника, Дионис, Посейдон, Тихе, Деметра, Афродита, проникает и ближневосточная Кибела, малоазийская Нана[179]. Закономерно появление амуров, спутников сыновей Афродиты[180]. В космогонических представлениях орфиков эрот олицетворял мировой принцип. В Хаосе он древний творец Космоса, первородная сила зачатия, относящийся к элементам возникновения мира. Крылья эрот получил, как и другие демонические существа, из-за демонического своего характера. Вплоть до эллинистического времени художники и ваятели повсюду изображали эротов с громадными крыльями. Иконография эрота очень рано стала известна на Востоке вплоть до Индии. В женских украшениях изображения эротов и Афродиты подчеркивают чувственное начало.

В различные эпохи изменялись трактовка художниками-ювелирами того или иного мифа, образа, понимание и отношение к нему. Например, бог Бэс в изделиях Амударьинского клада представлен как символ и охранитель домашнего очага (таким он почитался в Египте с начала II тыс. до н. э.), в других случаях Бэс приобретает воинственный характер, становится символом царской власти, доблести, силы[181] и, возможно, позднее трасформируется в образ Силена, как на застёжке со «свадебной сценой» из Тилля-тепе.

Часто встречающееся изображение лотоса[182] в ювелирных изделиях представляло собой олицетворение силы созидающей, связанной с женским началом, символизирующим плодородие, потомство, долголетие, здоровье, жизненную полноту, славу и в дальнейшем, по-видимому, преобразуется в тюльпан, встречающийся в вышивке народов Центральной Азии.

Символом плодородия, счастья и благополучия считалось изображение дерева с птицами. В одном из гимнов Авесты упоминается священное дерево, на котором собраны семена всех растений мира. Одни птицы, сидящие на дереве, обдирают ветви, другие собирают опавшие семена и несут их на небо, откуда они падают с дождём на землю и произрастают новыми растениями. Дерево с птицами на парадных головных уборах знати евразийских степей неизменно воспроизводилось с V в до н. э. по V в.[183]. Характер изображений на парадном облачении и корона бактрийки (Тилля-тепе, VI погребение)[184], позволяют в ней видеть не просто знатную женщину, а царицу правящего рода — выступавшую земной властительницей, богиней плодородия, что и символизировало древо жизни на её короне. Сюжет древа жизни с предстоящими животными был особенно популярен в начале I тыс. до н. э. — в эпоху расселения ираноязычных племён Северного Ирана, оказавшего определённое воздействие на формирование скифского изобразительного творчества.

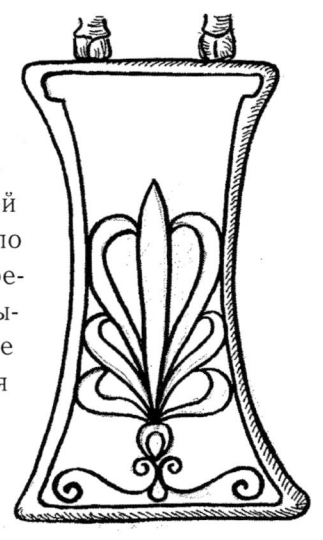

Изображение дерева с птицами помещалось на парадных головных уборах скифских царей и особенно цариц, ассоциировалось с богиней плодородия и выражало идею возрождения жизни. Исследователями установлено, что образ дерева в изобразительном искусстве передаёт содержание основного космогонического мифа, согласно которому корни — подземный мир; ствол — поверхность земли, мир людей и зверей; вершина — небо, мир богов. Иногда четыре стороны света маркируются четырьмя деревьями, растущими по четырем сторонам от мирового дерева, возвышающегося на вершине мира[185]. В китайской натурфилософии, оказавшей влияние на культуру Центральной Азии, дерево выступает как один из пяти первоэлементов наряду с огнём, землёй, металлом, водой. Сами же эти элементы были образованы из Хаоса в процессе взаимодействия двух полюсов — инь и янь (кит.), основные категории натурфилософии, означающие единство полярных сил — мягкого и твёрдого, женского и мужского, светлого и тёмного и т. д.[186]. Изображение дерева, например, в корейской мифологии означало путь, дорогу, по которой осуществляется магическая связь человека с потусторонним миром[187].

Символическими свойствами наделялись не только металлы — Солнце связывали с золотом, Луну с серебром, но и камни, которыми декорировались ювелирные изделия.

Камень в истории материальной культуры играл особую роль как прочный трудно разрушаемый материал. Из поклонения камню родилась вера в его целебные свойства, мысль о лечении путём ношения камня (амулет-талисман), соприкосновения с ним или приёма внутрь в истолчённом виде. Для достижения повышенной магической действенности самоцветов ювелиры увеличивали число вставок и их размеры. Среди популярных камней, использовавшихся в юве-

лирном деле древнего периода Центральной Азии, наиболее часто встречаются бирюза, гранат, лазурит, сердолик, также жемчуг и коралл. Бирюза, например, символизировала чистоту, девственность, считалась признаком достоинства и богатства, будто бы спасала путников в дороге, примиряла ссорившихся супругов, улучшала зрение, придавала свободу в общении, смелость[188].

Представление о магических свойствах камней переплетаются с элементами рационального применения их в народной медицине.

Из жемчуга и кораллов народы Центральной Азии делали лекарства для лечения болезней легких, коралловый и перламутровый порошки служили кровеостанавливающим, вяжущим средством. Считалось, что кораллы приносят благоденствие и плодовитость[189]. Не исключено, что особое пристрастие к перламутру и жемчугу восходит к астральным культам. Вставки жемчуга в серьгах, ожерельях связывали с блеском Луны, что должно было обеспечить человеку, который их носит, благоденствие[190].

Сердолик связывали с Меркурием и Венерой, с планетами, названными именами покровителя торговли и бога мудрости, богини красоты и плодородия. Различают два вида сердолика: мужской — грубого, коричневого тона и женский — розовато-оранжевый, просвечивающий[191]. Вообще, сердолику приписывали свойства охраны зрения, очага и считали, что он приносит счастье в дом[192].

Форма украшений и заложенные в них идеи позволяют выявить два принципа ношения, которые определяют характер и смысл ювелирного изделия.

Первый принцип — эстетический — исходил из стремления усилить красоту женщин в соответствии с местным идеалом, подчеркнуть мощь и физическую силу мужского тела.

Второй отражал представление об украшениях как об оберегах, талисманах, которые являются пластическим выражением идеологических представлений предшествующих поколений. Искусство играло в магических обрядах важную роль, выражая в наглядных формах, знаках, символах, сокровенный смысл действа.

И сами персонажи, их атрибуты, жесты, используемые в украшениях, имели не конкретно-повествовательный, а знаковый характер, требуя расшифровки, перевода с языка изображений на язык понятий.

ЗАКЛЮЧЕНИЕ

История ювелирного искусства Центральной Азии в IV в. до н. э. – IV в. восполняет существующий пробел в понимании одного из ярких видов искусства и его роли в художественной культуре этого региона.

Анализ памятников ювелирного искусства IV в. до н. э. – IV в. позволил выявить и определить те факторы и условия, под воздействием которых формировался стиль и художественные особенности в Центральной Азии в этот период.

Наряду с социально-экономическими и политическими ситуациями в этом процессе участвует и следующий ряд факторов.

• Воздействие на ювелирное искусство Центральной Азии изобразительно-функциональных систем искусств Ирана, Греции, Индии, степного мира:

— *ахеменидский стиль,*
— *эллинистический,*
— *гандхарский,*
— *стиль кочевников.*

В результате этого оформился стилевой синтез, как качественно новое явление в искусстве Центральной Азии IV в. до н. э. – IV в.

• Связь ювелирного искусства с архитектурой и архитектурным декором и определенная зависимость его стиля от особенностей их развития, других видов искусства, что отразилось в изоморфизме функционально-эстетических параметров указанных видов, на уровне декоративных решений:

— конструктивно-художественных элементов архитектуры и
— сюжетно-образных и орнаментальных систем художественных решений (вышивки, торевтики), нумизматики.

Главной предпосылкой формирования стиля ювелирного искусства Центральной Азии IV в. до н. э. — IV в. были социально-экономические и политические условия. Различные этапы развития государств Центральной Азии, в первую очередь Бактрии, так как они легли в основу формирования стилистических особенностей, в русле которых развивалось центральноазиатское искусство в целом, в том числе и ювелирное, являющееся отчётливым выразителем идей государственности и социальной структуры:

Ахеменидской империи (Бактрия одна из привилегированных сатрапий).

Греко-бактрийского царства (Бактрия — центр).

Кушанской империи (Бактрия — ядро государства).

Типология украшений позволяет установить широко разветвлённую сеть светской и культовой сфер в духовной жизни центральноазиатских государств.

Анализ памятников ювелирного искусства Центральной Азии IV в. до н. э. — IV в. указывает, что существовала и определённая иерархия материалов, из которых изготавливались украшения для различных социальных слоёв древних обществ региона. В творчестве ювелирных центров Центральной Азии кристаллизовались характерные индивидуальные черты. Вместе с украшениями распространялись новые художественные веяния. Придворным украшениям подражали периферийные мастерские, некоторые из них находились под ощутимым влиянием принципов организации форм и технологий метрополий.

Учитывая исторические судьбы бактрийской государственности, можно установить и определённую систему влияний на ювелирную стилистику в зависимости от подчинения той или иной метрополии.

Результаты исследования позволяют убедиться, что в древней период с IV в. до н. э. по IV в. художественная обработка металла в Центральной Азии стояла на значительно высоком уровне.

Изучение традиционной художественно-эстетической организации ювелирных украшений Центральной Азии указанного времени позволяет выявить пути и принципы формирования их в ансамблевый комплекс, при котором каждый элемент имел также свою смысловую нагрузку. Смысловой значимости, как показал анализ изделий Тилля-тепе, подчиняются и форма того или иного элемента ювелирной композиции.

Возникнув на первых порах как утилитарно-практическая, так и магическая необходимость, ювелирные украшения впоследствии приобретают художественную ценность. Формированию определённой эстетической автономии юве-

лирного искусства как яркого вида художественного творчества способствовал целый ряд социально-культурных факторов. Учитывая диалектику взаимосвязи канона как принципа стабильного набора форм и технологий, обусловленных определённым социальным заказом и ритуально-культовой символикой, с одной стороны, и многообразными отступлениями от устойчивых композиций, с другой, вызванных как потребностями, так и стремлением к новации — обязательной категории художественного мышления, необходимо отметить, что ювелирное искусство, сохраняя на протяжении всего рассматриваемого периода единство функциональных и эстетических свойств, неизбежно эволюционирует в сторону художественной автономии (проблема генезиса и эволюции форм ювелирного искусства от синкретичных к автономным здесь не рассматривается, ибо представляет собой общую область современного искусствознания).

Художественно-композиционная целостность ювелирных украшений и каждое изделие отражают уровень эстетических потребностей и вкусов, сложившихся в процессе многовекового развития декоративно-прикладного искусства Центральной Азии с IV в. до н. э. – IV в.

В художественных традициях и стилистических приемах, композиционных решениях отражались сакрально-магические представления людей о мире, связанные с образно-метафорическим мышлением.

Изучение декоративно-композиционных средств и приёмов позволяет выявить следующие важные характерные черты:

— *скульптурность;*
— *конструктивную логичность (масштабную соразмерность, ритмическую уравновешенность, формообразующую роль цвета).*

Композиционное объединение украшений в ансамблевое целое рождается на логической основе, общий эмоциональный строй выражается композицией в целом.

Изучение традиционных закономерностей формирования ансамблевых комплексов поможет в дальнейшем усвоению и глубокому пониманию национальных форм, а также и декоративно-композиционных решений в ювелирном искусстве.

Закономерный характер сложения единой гармоничной системы может быть адаптирован в современных условиях, для новых вкусов и потребностей.

Представленный материал является источником для создания новых художественных решений в русле традиций центральноазиатских украшений. В этом поможет преемственность художественного творчества, технических навыков и приёмов художественной обработки металлов, сложившихся на территории Центральной Азии.

Сделанные выводы могут быть использованы как при решении теоретических вопросов, связанных с изучением искусства Центральной Азии, так и в практической деятельности по сохранению уникальных видов ремесел.

ЛИТЕРАТУРА

Письменные источники
1. Арриан. *Поход Александра.* Л., Наука, 1962.
2. Геродот. *История.* М., Наука, 1972.
3. Квинт Курций Руф. *История Александра Македонского.* М., Наука, 1963
4. Ксенофонт. *Киропедия. Анабасис.* М., Наука, 1976.
5. Страбон. *География.* Л., Наука, 1964.

Основные публикации ювелирных изделий
6. Горелик М. *К этнической идентификации персонажей, изображенных на предметах Амударьинского клада*: Художественные памятники и проблемы культуры Востока. Л., 1985, с 36-46
7. Зеймаль Е. *Амударьичский клад.* Л., Искусство. Ленинградское отделение, 1979, 94 с.
8. Кузьмина Е. *Семантика изображений на серебряном диске и некоторые вопросы интерпретации Амударьинского клада*: Искусство Востока и Античность. М., 1977, с. 16-26.
9. Кузьмина Е. *О двух перстнях из Амударьинского клада с изображением цариц*: СА, 1979, №1, с. 35-46
10. Кузьмина Е. *Золотая пластина с птицами из Амударьинского клада*: КСИА. 1979, вып. 159, с. 16-19
11. Литвинский Б., Пичикян И. *Археологические открытия на юге Таджикистана*: ВАН. 1980, №7, с. 124-133
12. Литвинский Б., Пичикян И. *Бактрийский город Тахти-Сангин*: Курьер Юнеско. 1985, №8, с. 28-31
13. Литвинский Б., Пичикян И. *Кушанские эроты*: ВДИ. 1979, №2, с. 89-109
14. Ставиский Б. Я. *Заметки об Амударьинском кладе*: Искусство Востока и Античность. М., 1977, с. 42-38
15. Толстой И., Кондаков Н. *Русские древности в памятниках*

искусства.: Древности скифо-сарматские. Спб., 1889, вып. 2, с. 126-129., вып. 3, 1890
16. Dalton O. *The Treasure of the Oxus*. London. 1964, 75с
17. Litvinsky B., Pichikyan I. *The temple of the Oxus* //Journal of the Royal Society, 1981,# 2
18. Кузьмина Е. Сарианиди Б. *Два головных убора из погребений Тилля-тепе и их семантика*. КСИА, 1982, №170, с. 19-27
19. Нева (Негматуллаева) Е. *К вопросу об атрибуции 2-х могильников Тилля-тепе, на примере ювелирных украшений*: Актуальные вопросы гуманитарных наук на современном этапе. Душанбе, 1987, с. 151-153
20. Пугаченкова Г., Ремпель Л. *О «золоте безымянных царей» из Тилля-тепе*: Из истории культурных связей народов Средней Азии и Индии. Ташкент, 1986, с. 5-24
21. Сарианиди В. *Афганистан: Сокровища безымянных царей*. М., Наука, 1983, 157 с.
22. Сарианиди В. *Бактрия сквозь мглу веков*. М., Мысль, 1984.
23. Сарианиди В., Кошеленко Г. *Монеты из раскопок некрополя, расположенного на городище Тилля-тепе*: Древняя Индия. М., 1982, с. 307-318
24. Сарианиди В., Ходжаниязов Т. *Раскопки царского некрополя в древней Бактрии*: Известия АН Тадж. ССР. Серия общественные науки. Душанбе, 1980, №4, с. 41-51
25. Сарианиди В. *Царский некрополь в Северном Афганистане*: ВАН, 1979, №7, с. 76-89
26. Сарианиди В. *Сокровища бактрийской земли*: Знание-сила. 1979, №8, с. 17
27. Сарианиди В. *Золото безымянных царей*: Курьер ЮНЕСКО, 1980, Январь.
28. Сарианиди В. *Работы советско-афганской экспедиции*: Археологические открытия, 1978, М., 1983, с. 503
29. Сарианиди В. *Сокровища Золотого холма*: Наука и человечество. М., 1983, с. 399.
30. Sarianidi V. *Bactrian Gold*. L., 1985
31. Сарианиди В. *Бактрийский центр златоделия*: СА, 1987, №1, с. 72-83
32. Сарианиди В. *Тилля-тепе и ювелирное искусство ранних кушан*: Центральная Азия. Новые памятники письменности и искусства. М., 1987, с. 226-281

33. Sarianidi V. *Die Schatze der Kushanen.* Konige:Afganistan Journal, 1979
34. Sarianidi V. *Le tombo Regallo della "Collino d'oro"*: Mesopotamia, Firenze, 1980, XV
35. Sarianidi V. *The treasure of the Golden Mound*: Archeology, 1980, vol. 33
36. Sarianidi V. *The treasure of the Golden Hill.* American journal of Archaeology, 1980, #2

Другие находки в Средней Азии

37. Аскаров А. *Сапалитепа.* Ташкент, Фан, 1973, 172 с
38. Аскаров А. *Древне-земледельческая культура эпохи бронзы юга Узбекистана*, Ташкент, Фан, 1977, 231 с.
39. Вишневская О. *Культура сакских племён низовьев Сырдарьи (по материалам Уйгарака)*: ТАХЭЭ, М., 1973, т. VII, с. 82-84.
40. Дьяконов М. *Работы Кафирниганского отряда*: Труды СТАЭ ИИМК АН СССР. М.–Л., 1950, т. 1, с. 147-186
41. *Древности Таджикистана.* Каталог. Душанбе, Дониш, 1985, 343 с.
42. *Древний Хорезм.* Каталог. М., ГМИИНВ, 1979.
43. Заднепровский Ю. *Уникальная находка Южной Киргизии*: СА, 1985, №3, с. 258-259
44. *История Киргизии.* Фрунзе, Кыргыстан, 1984, т. 1
45. Кругликова И., Сарианиди В. *Древняя Бактрия в свете новых археологических открытий*: СА, 1971, №4, с. 154-172
46. Литвинский Б. *Украшения из могильников Западной Ферганы.* М., Наука, 1973.
47. Мандельштам А. *Памятники эпохи бронзы в южном Таджикистане.*: МИА СССР, Л., Наука, 1968, №145.
48 Мандельштам А. *Кочевники на пути в Индию.*: МИА, 1966, №136
49. Мандельштам А. *Памятники кочевников кушанского времени в Северной Бактрии.* Л., Наука, 1975.
50. Массон В. *Алтын-депе.* Л., Наука, 198151. Массон В. *Энеолит южных областей Средней Азии.* М.–Л., Наука, 1962
52. Пугаченкова Г. *Художественные сокровища Дальверзина.* Л., Аврора, 1978.

53. Пугаченкова Г. *Искусство Туркменистана*. М., Искусство, 1967
54. Пугаченкова Г., Ремпель Л. *История искусств Узбекистана*. М., Искусство. 1965.
55. *Памятники культуры и искусства Киргизии*. Каталог. Л., Искусство, 1983
56. Распопова В. *Металлические изделия ранне-средневекового Согда*, Л., Наука, 1980.
57. Ртвеладзе Э. *Могильник кушанского времени.*: СА, 1983, №2, с. 125-143
58. *Средняя Азия в эпоху камня и бронзы*, М.–Л., Наука, 1966.
59. Тревер К. *Золотая статуэтка из селения Хаит*: Труды ГЭ, 1958, т. II.
60. Толстов С. *По древним дельтам Окса и Яксарта*. – М., 1962.
61. Толстов С. *Древний Хорезм*, М., МГУ, 1948.
62. Трудновская А. *Украшения позднеантичного Хорезма по материалам раскопок Топрак-калы*: ТХАЭЭ, 1952, т. 1, с.119-135
63. Хлопин И. *Раскопки в долине Сумбара и их значение для Переднего Востока и Средней Азии.*: Бюллетень ЮНЕСКО МАИКЦА, М., 1987, вып. 12, с. 20-33
64. Хлопин И. Н. *Памятники раннего энеолита южной Туркмении*. М.–Л., 1963

Общие работы

65. Абдуллаев Т. *Художественные металлические изделия Самарканда*: Из истории Великого города. Ташкент. Фан, 1972, с. 252-269
66. Аванесова Н. *Особенности среднеазиатских украшений эпохи бронзы.*: Труды СамГУ, 1972, вып. 218, с. 97-111
67. Агзамходжаев Т. *Бронзовые украшения из Туябугуза*: ИМКУ, 1964, вып. 5, с. 90-93
68. Азизова Н. *Ювелирные изделия Узбекистана*. Ташкент, 1968
69. Акишев А. *Курган Иссык*. М., Искусство, 1978
70. Акишев А. *Происхождение и семантика иссыкского головного убора*: Археологические исследования древнего и средневекового Казахстана, Алма-Ата. 1980, с. 16-22
71. Альбаум Л. *Балалык-тепе*, Ташкент, 1960
72. Альбаум Л. *Живопись Афросиаба*. Ташкент, 1975

73. Андреев М. *Таджики Долины Хуф*, Сталинобад, 1958, вып. 1
74. Андреев М. *Таджики Долины Хуф*, Сталинобад, 1963, вып. 2
75. Андреев М. *Орнамент горных таджиков верховьев Амударьи и киргизов Памира*, Ташкент, 1928
76. Анил де Сильва. *Распространение буддийской культуры*: Курьер Юнеско, 1965, Август-сентябрь, с. 22-25
77. Антипина К. *Народные традиции в современной материальной культуре и прикладном искусстве киргизов,* Фрунзе, 1962
78. Антипина К. *Особенности материальной культуры и прикладного искусства южных киргизов*, Фрунзе, 1984
79. Антонова Е. *Очерки культуры древних земледельцев Передней и Средней Азии.* М., 1984
80. Артамонов М. *Сокровища саков.* М, 1973
81. Аскаров А. *Памятники андроновской культуры в низовьях Зеравшана.*: ИМКУ, 1962. вып. 3, с. 28-41
82. Атагарыев Е. *О некоторых средневековых женских украшениях из Шехр-Ислама*: ИАН Турк. ССР, 1965, вып. 1, с. 8-18
83. Атагарыев Е., Ходжагельдыев. Р. *Искусство звонкого металла*: Памятники Туркменистана, 1972, №2, с. 27-32
84. Ахраров И., Темиргалиев Г. *Клад серебряных украшений из Сиджака*: СЭ, 1966, вып. 3, с. 119-122
85. *Бактрийские древности*, Л., 1976
86. Бартольд В. *К вопросу о полумесяце как символе ислама*, Пг., 1918.
87. Бартольд В. *Общие работы по истории Средней Азии.* Собр. соч, М, 1963, т. III, ч. 1
88. Беленицкий А. *Из истории культурных связей Средней Азии и Индии в раннем средневековье*: КСИА, 1964. вып 98, с. 33-43
89. Беленицкий А. Распопова В. *Согдийские «Золотые пояса»*: Страны и народы Востока, М., 1980, вып. XXII, с. 213-219
90. Беленицкий А. *Результаты раскопок на городище древнего Пенджикента в 1960 г.*: Археологические работы в Таджикистане, Душанбе, 1962, т. 34, с. 90-117
91. Беленицкий А. *Монументальная живопись Пенджикента.* М., 1975
92. Беленицкий А. *О домусульманских культах Средней Азии*: КСИИМК, 1949, вып. 2, с. 83-85

93. Белинская Н. *Декоративное искусство горного Таджикистана*, Душанбе, 1965
94. Белицкая Э. *Художественная обработка цветного камня*, Л., 1983
95. Бернштам А. *Древняя Фергана*.: ВДИ, 1949, №1, с. 110-111
96. Бентович И. *Одежда раннесредневековой Средней Азии — по данным стенных росписей VI–VII*: Страны и народы Востока, М., 1980, вып. XXII, с. 196-213
97. Бикжанова М. *Ювелирное искусство*.: Народно-декоративное исскуство Советского Узбекистана, М., 1955
98. Бикжанова М. *Одежда узбечек Ташкента*: Костюм народов Средней Азии, М.. 1974, с. 133-151
99. Боброва А. *Бусы из Афросиаба*.: КССИМК, 1949, вып. 30, с. 121-123
100. Бобринский А. *Орнамент горных таджиков*, М., 1900
101. Бобров В. *Художественные и стилистические особенности в скифо-сибирском искусстве звериного стиля*: Известия Кемеровского Университета, Кемерово, 1976, вып. 7, с-42-59
102. Большаков О. *Средневековый город Ближнего Востока. VIII, сер. XIII вв*, М., 1984
103. Борозна Н. *Материальная культура узбеков Бабатага и долины Кафирнигана*: Материальная культура народов Средней Азии и Казахстана, М., 1966
104. Борозна Н. *Некоторые черты культуры населения каракульского оазиса в связи с этническим составом. Типы и комплексы ювелирных украшений*.: Итоги полевых работ Института Этнографии в 1971, М., 1972
105. Борозна Н. *Виды женских украшений у народов Средней Азии и Казахстана*.: СЭ, 1974, №1, с. 32-45
106. Борозна Н. *Особенности комплексов ювелирных украшений у населения некоторых районов Узбекистана*.: Итоги полевых работ Института этнографии в 1970 г., М., 1971
107. Борозна Н. *Некоторые материалы об амулетах-украшениях населения Средней Азии*: Домусульманские верования и обряды в Средней Азии, М., 1975, с. 282-288
108. Брепольэ. *Теория и практика ювелирного дела*, Л., 1982
109. Брыкина Г. *Карабулак*. М., 1974
110. Бубнова М. *Состояние добычи драгоценных и поделочных камней в средневековых владениях в XVI–XIX вв*.: Памяти

Семенова, Душанбе, 1980
111. Булатов М. *Шедевр мастера Абдель Азиза*.: СА, 1969, №2, с. 225
112. Бурковский А. *Из истории техники металлургического производства у киргизов*: Ученые записки истфака Киргизского Университета, Фрунзе, 1958, вып. 5. с-73-106
113. Буряков Ю. *Археологические материалы по истории Тункета и Абрлыга*: Материалы по истории Узбекистана, Ташкент, 1966, с. 76-151
114. Бурякова Э. *Бронзовые изделия археологической коллекции музея им. Айбека*: Слово памятникам истории и культуры. Ташкент, 1973, с. 84
115. Бурякова Э., Бурякоз Ю. *Новые археологические материалы к стратиграфии средневекового Самарканда*: Афросиаб, Ташкент, 1973, вып II, с. 174-223
116. Вайнберг Б. *Монеты древнего Хорезма*, М., 1977
117. Вактурская Н. *О серьгах со средневекового городища Шехрлик*: История, археология и этнография Средней Азии, М., 1968, с. 249-252
118. Вамбери А. *Очерки жизни и нравов на Востоке*, Спб.– М., А. И. Мамонтов, 1987
119. Вархотова Д. *Два серебряных браслета X-XI вв. из Чиназа*: История материальной культуры Узбекистана, Ташкент, 1963, вып. 4, с. 116
120. Василенко В. *Русское прикладное искусство*, М., 1977
121. Васильева Г. *Туркменские женские украшения*: СЭ, 1973, №3, с. 90
122. Веймарн Б. *Искусство арабских стран и Ирана*, М., 1974
123. Вейнберг И. *Человек в культуре древнего ближнего Востока*, М., 1986
124. Вейс Г. *Внешний быт народов с древнейших времён до наших дней*, М., 1874-1879, т. 1,2
125. Веселовский Н. *Бозбент*: ЗВОРАО, 1887, т. 1, вып. 3
126. Веселовский Н. *О среднеазиатских амулетах*: ЗВОРАО, 1886
127. Веселовский Н. *Роль стрелы в обрядах и ее символическое значение*.: ЗВОРАО, 1921, т. 25
128. Виноградов А. *Первобытные ювелиры (по материалам археологических находок в Средней Азии*: Наука и жизнь, 1973, №3, с. 132-134

129. Виноградов Н. *Искусство средневекового Китая*, М., 1962
130. Воронец М. *Браслеты бронзовой эпохи музея истории АН Узб. ССР*: Труды истории и археологии. Ташкент, 1948, т. 1., с. 65
131. *Восточный Туркестан и Средняя Азия в системе культур древнего Востока*, М., 1986
132. Воронина В. *Бронзы Ахикета из коллекции А. Смирнова*: Средняя Азия в древности и средневековье. М., с. 133-137
133. Вязьмитина М. *Раскопки на городище Айртам времен Кушанов*: Труды ТАКЭ АН Узб. ССР, Ташкент, 1945, сер. 1, вып. 2, с. 24-34
134. Галанина Л., Грач Н., Турнеус М. *Ювелирные изделия в Эрмитаже*, Л., 1967.
135. Гамбург Б., Горбунова Н. *Могильник эпохи бронзы в Ферганской долине*: СА, 1957, №3, с. 92
136. Гафуров Б. *Таджики*, М., 1972
137. Гафуров Б., Цибукидис А. *Александр Македонский и Восток*, М., 1980
138. Гейер И., Назаров И. *Кустарные промыслы Ташкента*, Ташкент, 1903
139. Герчук Ю. *Структура и смысл в орнаменте*: ДИ, 1979 №1, с. 30-34
140. Глухарева О., Нечушкина З. *Ювелирное искусство народов Востока*. М., 1974
141. Глухарева О. *Искусство Кореи с древнейших времён до конца XIX века*. М., 1982
142. *Городская среда и культура Бактрии — Тохаристана и Согда*: Тезисы докладов, Ташкент, 1986
143. Граков В. *Скифы*. М., 1971
144. Граков В. *Древнегреческие керамические клейма с именами астиномов*. М., 1928
145. Григорьев Г. *К вопросу о художественном ремесле домусульманского Согда*: КСИА, 1946, вып. XII, с. 94-103
146. Григорьев Г. *Тус-тупи*: Искусство, 1937, №1, с. 121-139
147. Гришин Е. *Некоторые стилистические особенности туркменского ювелирного искусства*: Памятники Туркменистана, 2-34-82. с. 26-30
148. Гришин Ю. *Металлические изделия Сибири эпохи неолита и бронзы*. М., 1971

149. Горбунова Н. *Женские украшения кугайско-карабулакской культуры Ферганы (I–IV)*: Тезисы докладов Всесоюзной конференции. Культура и искусство Киргизии, Л., 1983, вып. 1, с. 55-57
150. Гусева Н. *Ювелирные изделия индийских мастеров*: Азия и Африка сегодня, 1979, №7, с. 58
151. Гусева Н. *Художественные ремесла Индии*, М., 1982
152. Гулямов Я., Буряков Ю. *Об археологических исследованиях на городище Афросиаб в 1967-1968 г.*: Сб. Афросиаб, Ташкент, 1969, вып. 1, с. 268-293
153. Гулямов Я., Исламов У., Аскаров А. *Первобытная культура и возникновение орошаемого земледелия в низовьях Зеравшана.* Ташкент, 1966
154. Дадамухамедов Ф. *Бозубанды и Туморы — традиционные украшения в одежде народов Узбекистана*: Тезисы У искусствоведческой конференции, Ташкент, 1983, с. 6-7
155. Дандамаев М., Луконин В. *Культура и экономика древнего Ирана.* М., 1980
156. Даркевич В. *Художественный металл Востока*, М., 1976
157. Даркевич В. *Символы небесных светил в орнаменте Древней Руси*: СА, 1960, №4, с. 56-62
158. Даркевич В., Чернихов В. *Новое в изучении среднеазиатской торевтики*: КСИА, М., 1971, №128, с. 106
159. *Домусульманские верования и обряды в Средней Азии.* М., 1975
160. *Древние обряды, верования и культы народов Средней Азии.* М., 1986
161. *Древняя Бактрия.* М., 1976, вып. 1, вып. 2
162. *Древний Хорезм.* М., 1979
163. *Древняя и средневековая культура Чача.* Ташкент., 1979
164. *Древний Восток и мировая культура.* М., 1981
165. Дресвянская Г. *Каменные бусы с городищ Старого Мерва*: ТГУ, 1966
166. Дьяконов М. *Очерк истории древнего Ирана.* М., 1961
167. Дьяконова Н. *К истории одежды в восточном Туркестане II–VII вв.*: Страны и народы Востока. М., 1980, вып. XXP, с. 174-196
168. Дьяконова Н., Смирнова С. *К вопросу о культе Наны (Анахиты) в Согде*: СА, 1967, №1, с. 74-84

169. Дьяконова Н. *Три перстня из Восточного Туркестана*: Культура и искусство Индии и стран Дальнего Востока. Л., 1975, с. 21-26
170. Ерназарова Т. *Новые монеты Афросиаба и его окрестностей*: ИМКУ, 1979, вып. 15
171. Ершов Н. *Собрание этнографических коллекций Института истории им. А. Дониша АН Тадж. ССР.*: СЭ, 1975, №4, с. 89-102
172. Жуковская Н. *Категории и символика традиционной культуры монголов* – М., 1988
173. Забелина Н., Ремпель Л. *Согдийские всадники*, Ташкент, 1948
174. Заднепровский Ю. *Памятники андроновской культуры*: Средняя Азия в эпоху камня и бронзы. М.-Л.,1966
175. Заднепровский Ю. *Древнеземледельческая культура Ферганы*: МИА, Л., 1962, №118.
176. Заднепровский Ю. *Об этнической принадлежности памятников кочевников Семиречья усуньского периода II в. до н. э. – V в.*: Страны и народы Востока–М., 1971, вып. X, с. 27-36
177. Засецкая И. *Золотые украшения гуннской эпохи*, Л., 1975
178. Залесская В. *Некоторые специфические черты малоазийской торевтики V–VI вв.*: Институт истории грузинского искусства. — Тбилиси,1977
179. Ибраев Б. *Космогонические представления наших предков*: ДИ, 1980, №9, с. 32-36
180. Ибраева Н. *Памятники Мангышлака*: ДИ, 1980, №9, с. 40-45
181. Иванов А., Луконин В., Смесова Л. *Ювелирные изделия Востока*, М., 1984
182. Иванов А. *О производстве бронзовых изделий в Мавераннахре в домногольское время.*: КСИА, 1970, вып.122, с. 101
183. Иванов А. *Художественная бронза Ближнего и Среднего Востока VII–XX вв.*: Сообщения Гос. Эрмитажа, 1969, вып. 30, с. 31
184. Иванов В. *К семиотической теории карнавала как инверсии двоичных противоположностей*: Труды по знаковым системам. Труды Тартуского Университета, Тарту, 1977, т. VIII, вып. 411, с. 103-118
185. Иванов С. *Декоративно-прикладное искусство Киргизского народа*. М., 1960

186. Иванов С. *О некоторых традициях согдийского декоративного искусства*: Совещание археологов и этнографов Средней Азии. Сталинабад, 1956, Л., 1959, с. 217-225
187. Иванов С., Махова Е. *Декоритвно- прикладное искусство киргизского народа*: XXV Международный конгресс востоковедов. М., 1960
188. Ильинская В. *Современное состояние проблемы скифского звериного стиля*: Скифо-сибирский звериный стиль в искустве народов Евразии, М., 1976, с. 9-29
189. *Индия в древности*. М., 1964
190. *Искусство Востока и античности*, М., 1977
191. *История древнего мира*, М., 1982, т. 1
192. *История Узбекской ССР*. Ташкент, 1967, т. 1
193. *Источниковедение истории древнего Востока*. М., 1984
194. Ионова Ю. *О культе деревьев Кореи*: Мифы, культы, обряды народов зарубежной Азии. М.,1986, с. 216-228
195. Итина М. *Раскопки могильника тазобагъябской культуры Кокча-3*: МХЭ, 1960, вып. 5, с. 3-96
196. Каган М. *О прикладном искусстве*. Л., 1961
197. Карел Тойбл. *Ювелирное дело*. М., 1982
198. *Календарные обычаи и обряды народов Восточной Азии. Новый год*. М., 1985
199. Кафка Л. *Искусство обработки металла*. М., 1924
200. *Киевский музей исторических древностей*, Киев., 1974
201. Кинжалов Р., Луконин В. *Памятники культуры Сасанидского Ирана*, Л., 1960
202. Кинжалов Р. *Серебрянная пластина с изображением парфянского царя*: СА, 1959, вып. 2, с. 197-205
203. Кинк Х. *Художественное ремесло Древнего Египта и сопредельных стран*: М., 1976
204. Кирчо Л. *Металлические изделия эпохи энеолита и бронзы Алтын-депе.*: СА, 1980, вып. 1, с. 158-175
205. Клебанович-Попович Е. *Художественная ценность украшения*: ДИ, 1961, №7, с. 13-18
206. Кругликова И. *Настенные росписи в помещении северо-восточного культового комплекса Дильберджина*: Материалы сов. афг. эксп. Древняя Бактрия. М., 1979, вып. 2
207. Ковалевская В. *Конь и всадник*. М., 1977
208. Козлова Ю. *Ювелирные изделия из коллекции искусствове-

да.: ДИ, 1983, вып. 1, с. 48-49
209. Кожин П., Сарианиди В. *Змея в культовой символике анауских племён*: История, археология и этнография Средней Азии.
210. Кошеленко Г. *Культура Парфии*. М., 1966
211. Кубланов М. *Золотая бляшка из Чмырева кургана*: КСИИМК, вып. 58, с. 139-150
212. Кузьмина Е. *К вопросу о формировании культуры Северной Бактрии*: ВДИ, 1972, №1, с. 146
213. Кузьмина Е. *Металлические изделия энеолита и бронзового века и Средней Азии*:САП, М., 1966. вып. 4-9
214. Кузьмина Е. *В стране Коната и Афросиаба*. М., 1977
215. Кузьмина Е. *Бактрия и эллинистический мир в эпоху Александра*: Античность и античные традиции в культуре и искусстве народов Востока. М., 1977, с. 191-202
216. *Культура Востока. Древность и раннее средневековье* Л., 1978
217. *Культура и искусство народов Средней Азии в древности и средневековье*. Л., 1979
218. *Культура и искусство народов Востока*, Труды ГЭ, Л., 1961
219. *Культовые взаимосвязи народов Средней Азии и Казахстана с окружающим миром в древности и средневековье*: Тезисы докладов. М., 1981
220. Лапковская Э. *Прикладное искусство средних веков в Эрмитаже*. М., 1971
221. Левин-Дорш А., Кунов Г. *Техника доисторической эпохи*. Одесса, 1923, ч. III
222. Лелеков Л. *Локальные очаги эллинистической художественной культуры Средней Азии*: Античность и античные традиции в культуре и искусстве народов Советского Востока. М., 1978, с. 226-234
223. Линде Е. *Греко-бактрийский сфинкс*: Сообщения Респ. историч. краевед. музея Тадж. ССР. Душанбе, 1952, вып. 1. с-5-21
224. Литвинский Б., Зеймаль Т. *Аджина-тепа*. М., 1971
225. Литвинский Б. *Древние кочевники крыши мира*. М., 1972
226. Литвинский Б. *Памирская космология (опыт реконструкции)*: Страны и Народы Востока, М., 1975, вып. XVI, с. 251-262
227. *Литература Древнего Востока*. М., 1984.
228. Лукас А. *Материалы и ремесленные производства древнего Египта*. М., 1977
229. Луконин В. *Иран в эпоху первых Сасанидов*. Очерки по исто-

рии культуры. Л., 1961
230. Луконин В. *Искусство Древнего Ирана*. М., 1971
231. Лунина С., Аскерова М. *Металлические изделия предметы быта и украшения с Алтын-депе и Ялпак-депе*: Сб. научных трудов ТашГУ, Ташкент, 1980, вып. 630, с. 3-10
232. Лямин И. *Художественная обработка металлов*. М., 1978
233. Лыкошин Н. *Полжизни в Туркестане*, Пг., 1916. вып. 1
234. Максимов М. *Очерк о первой меди*. М., 1976
235. Максимова М. *Обработка изделия: Эллинистическая техника*. М.–Л., 1948, с. 206-217
236. Максимов М. *Очерк о серебре*. М., 1981
237. Маликов О. *Ювелирное искусство Кушан. По материалам погребения Ялангтуш-тепе*: Материалы II искусствоведческой научно-теоретической конференции молодых ученых. Ташкент, 1976
238. Маловицкая Л. *Сарматский звериный стиль*: Автореферат дисс. канд. искусств. Л., 1967
239. Мальм В. *Золотой браслет с персидской надписью*: Вопросы древней и средневековой археологии Восточной Европы. М., 1978, с. 247-249
240. Марковин В. *Сердолик — камень счастья*: Материалы исследования по археологии СССР. М.–Л., 1965, вып. 130, с. 270-274
241. Маршак Б. *Материалы по среднеазиатской торевтике.*: СА. 1976, №1, с. 227-240
242. Маршак Б. *Бактрийские чаши*: Античность и античные традиции в культуре и искусстве народов Советского Востока. М., 1978, с. 260
243. Маршак Б. *К методике атрибуции среднеазиатской торевтике*: СА. 1976, №4, с. 208-213
244. Маршак Б. *Согдийское серебро*. М., 1971
245. Маршак Б. *Раннеисламские бронзовые блюда (сиро-египетская и иранская традиции в искусстве Халифата)*: Труды ГЭ, Л., 1978, т. 19, с. 26-52
246. Масперо Г. *Ассирия*. Древняя история. Спб., 1900
247. Массон М. *Скульптура Айртама*: Искусство, 1935, №2, с. 129-134
248. Массон В. *Древнеземледельческая культура Маргианы*: МИАА М.–Л., 1958, №78, с. 114
249. Массон М. *Средняя Азия и Древний Восток*. М.–Л., 1964

250. Массон М. *Обмен и торговля в первобытную эпоху*: ВИ, 1973, №1, с. 78-92
251. Мачабели К. *Серебро древней Грузии*. Тбилиси, 1983
252. Мешкерис В. *Коропластика Согда*. Душанбе, 1977
253. *Мифы народов мира*, М., 1980, т. 1; 1982, т. 2
254. *Мифы, культы и обряды народов зарубежной Азии*. М., 1986
255. Мишуков Ф. *Невидимый припой ювелиров древности*.: Труды МВХПУ, 1962, вып. 2, с. 78-81
256. Моде Хейнц. *Искусство Южной и Юго-Восточной Азии*. М., 1978
257. Моран Анри. *История декоративно-прикладного искусства с древнейших времен до наших дней*. М., 1982
258. Мончадская. *Глиняный налеп с пенджикентского оссуария. К вопросу об оберегах*: Труды АН Тадж. ССР., Душанбе, 1960, т. 120, с. 125-132
259. Муродов О. *Древние обряды мифологии у таджиков долины Зеравшана*. Душанбе, 1979
260. Мухин В. *Традиции и современность в ювелирном искусстве Казахстана*.: Дисс. канд. искусст. М., 1978
261. Мухитдинов И. *Стенные росписи жилищ в селении Егид и связанные с ним представления*: СЭ, 1964, №2, с. 108-115
262. Мухтаров А. *По следам прошлого*. Душанбе, 1982
263. Наливкины М. и В. *Очерк быта женщин туземного населения Ферганы*. Казань, 1886
264. *Народное декоративно-прикладное искусство Советского Узбекистана*. М., 1955
265. *Народы Средней Азии и Казахстана*. М., 1962, т. 1, ч. II
266. *Народные сокровища Киргизии*. Фрунзе, 1974
267. Негматов Н. *Художественные изделия из Куркатских склепов*.: ДИ, 1977, №9, с. 42-43
268. Негматов Н., Кильчевская Э. *Калаибаландский клад металлических изделий*: Искусство таджикского народа. Душанбе, 1979, вып. 4, с. 34-54
269. Негматов Н., Кильчевская Э. *Находки ювелирных изделий из Шахристана*.: СА, 1963, №3, с. 238-247
270. Нева (Негматуллаева) Е. *Ювелирные изделия как источник изучения культурных связей древней Бактрии*: Тезисы конференции молодых историков, Фрунзе, 1983, с. 67
271. Нева (Негматуллаева) Е. *Из истории ювелирного дела Тад-*

жикистана.: Тезисы У Всесоюзной конференции искусствоведов. Ташкент, 1983, с. 7
272 Нева (Негматуллаева) Е. *Древнее ювелирное искусство народов Средней Азии как источник изучения материальной культуры*: Тезисы 1 региональной конференции молодых историков Средней Азии и Казахстана, Душанбе, 1984, с. 114-115
273. Нева (Негматуллаева) Е. *Молодая луна таджикских ювелиров*: ДИ, 1985, №1, с. 10
274. Нева (Негматуллаева) Е. *Куляб-центр заргаров*: Тезисы конференции «История и культура Куляба». Куляб–Душанбе, 1988, с. 49
275. Николаева Н. *Декоративное искусство Японии*. М., 1972
276. *Новый полный словарь иностранных слов*. М., 1912
277. Обельченко О. *Памятники искусства древних кочевников Согда*.: Сб. Тезисов II археологической конференции. Кемерово, 1984, с. 153
278. Олива П. *Древний Восток и истоки греческой цивилизации*.: ВДИ, 1977, №2, с. 3-7
279. *Омар Хайям*. М., 1961
280. Онайко Н. *О воздействии греческого искусства на меото-скифский звериный стиль*: СА, 1976, №3, с. 76-87
281. Орбели И., Тревер К. *Сасанидский металл*. М.–Л., 1935
282. *Очерки по методике технологического исследования реставрации и консервации древних металлических изделий*. М., 1935
283. *Очерки технологии древнейших производств*. М., 1975
284. Павлов В., Ходжаш С. *Художественное ремесло Древнего Египта*. М., 1959
285. *Памятники античного прикладного искусства*. Л., 1983
286. Петренко В. *Украшения Скифии VII–III вв. до н. э*. М., 1978
287. Петров В. *Рассказы о драгоценных камнях*. М., 1985
288. Пещерева Е. *Гончарное производство Средней Азии*. М.–Л., 1959
289. Писарчик А., Широкова З. *Этнографические коллекции Музея археологии и этнографии им. М. Андреева*.: Известия ООН Тадж. ССР, 1952, №2, с. 121-133
290. Писарчик А. *Народное декоративное прикладное искусство таджиков*. Душанбе, 1987

291. Пичикян И. *Композиция храма Окса в контексте архитектурных сопоставлений.* Бюллетень ЮНЕСКО МАИКЦА, 1987, вып. 12, с. 49-64
292. Полевой В. *Об искусстве античности и средневековья народов Советского Востока*: Античность и античные традиции. М., 1978, с. 54-55
293. Постникова-Лосева М. *Русское ювелирное искусство — его центры и мастера.* XVI—XIX вв. М., 1974
294. Постникова-Лосева М. *Русское золотое и серебряное дело.* М., 1983
295. Постникова-Лосева М. *Русская золотая и серебрянная скань.* М., 1981
296. *Проблемы античной культуры.* М., 1986
297. *Проблемы канона в древнем и средневековом искусстве Азии и Африки.* М., 1973
298. *Произведения искусства в новых находках археологов.* М., 1977
299. Пругер Е. *Бирюза Мерва*: Памятники Туркменистана. 2. 10, 1970. с. 12
300. Пташникова И. *Бусы древнего и раннесредневекового Хорезма*: ТХЭЭ, 1952, т. 1
301. Пугаченкова Г. *Самарканд. Бухара.* М., 1961
302. Пугаченкова Г. *Жига-тепе*: Древняя Бактрия. М., 1979, вып. 2, с. 64
303. Пугаченкова Г., Ремпель Л. *Выдающиеся памятники изобразительного искусства Узбекистана,* Ташкент, 1960
304. Пугаченкова Г., Ремпель Л. *История искусств Узбекистана с древнейших времен до середины XIX.* М., 1965
305. Пугаченкова Г. *Ювелирные изделия Дальверзинского клада*: Советское искусствознание, 73, М., 1974. с. 407-418
306. Пугаченкова Г. *Изучение культуры бактрийских городов в южном Узбекистане*: ВАН, 1973, №3, с. 70-78
307. Пугаченкова Г. *Искусство Бактрии эпохи Кушан.* М., 1979
308. Пугаченкова Г., Ремпель Л. *Бухара.* М., 1949
309. Пугаченкова Г. *Халчаян.* Ташкент, 1966
310. Пугаченкова Г. *О культах Бактрии в свете археологии*: ВДИ, 1974, №3, с. 124-135
311. Пугаченкова Г. *Геракл в Бактрии*: ВДИ, 1977, №2, с. 77-93
312. Пугаченкова Г. *Грифон в античном и средневековом искус-

стве Средней Азии: СА, 1959, №2, с. 70-85
313. Пыляев М. *Драгоценные камни, их свойства, место нахождения, употребления.* Спб., 1888
314. Пятышева Н. *Ювелирные изделия Херсонеса.*: ТГИМ. М., 1965, вып. XVIII, с. 22
315. Распопова В. *Бронзовые серьги Пенджикента.*: КСИА, 1969, №120, с. 51-56
316. Распопова В. *Основания для датировки металлических изделий Пенджикента*: КСИА, 1979, вып. 158. с. 104
317. Распопова В. *Византийские поясные пряжки в Согде*: КСИА, 1968, вып. 114, с. 34-36
318. Ремпель Л. *К вопросу о синтезе искусств.*: ОНУ, 1963, №3, с. 19-26
319. Ремпель Л. *К изучению стилей в искусстве Средней Азии*: ОНУ, 1963, №8, с. 41-49
320. Ремпель Л. *Архитектурный орнамент Узбекистана.* Ташкент, 1961
321. Ремпель Л. *Искусство Среднего Востока.* М., 1978
322. Руденко С. *Сибирская коллекция Петра I*: САИ, М.–Л., 1962
323. Руденко С. *Культура и население горного Алтая в скифское время.* М.–Л., 1953
324. Руденко С. *Из истории древней металлургии и литейного дела*: Материалы по этнографии. Л., 1962, вып. 4, с. 17-26
325. Русяйкина С. *Одежда таджиков Гармской области.*: СЭС, 2, 1959, с. 199-214
326. Рыбаков Б. *Русское прикладное искусство.* Л., 1971
327 Рыбаков Б *Космогония и мифология земледельцев энеолита*: СА, 1965, №1, с. 24-45; №2 с. 13-34
328. Рыбаков Б. *Ремесло Древней Руси.* М., 1948
329. Рыбаков Б. *Язычество древних славян.* М., 1981
330. Садыхзаде Ш. *Древние украшения Азербайджана.* Баку, 1971
331. Сазонова М. *Украшения узбеков Хорезма*: Традиционная культура народов Передней и Средней Азии.: Труды МАЭ, Л., 1970, с. 131
332. Салтовская Е. *Северо-западная Фергана в древности и раннем средневековье,* Душанбе, 1972, Автореферат.
333. Салтовская Е. *Древние украшения из Ашта.*: Памяти Семенова, Душанбе, 1980. с. 195-207
334. Сарианиди В. *Древние земледельцы Афганистана.* М., 1977

335. Сарианиди В., Черных Е., Терехова Н. *О ранней металлургии и металлообработке в древней Бактрии*.: СА, 1977, №2, с. 35-43
336. Самсонов Я., Туринге А. *Самоцветы СССР*. М., 1984
337. Свирин А. *Ювелирное искусство древней Руси XI–XII вв.* М., 1972
338. Сетон Ллойд. *Археология Месопотамии*. М., 1984
339. Семёнов А. *Из области воззрения мусульман Средней Азии на качество и значение благородных камней и минералов*: Мир ислама, 1912, №3
340. *Семья и семейные обряды у народов Средней Азии и Казахстана*. М., 1978
341. Салимханов И. *Разгаданные секреты древней бронзы*. М., 1970
342. Сидорова В. *Художественная культура древней Индии*. М., 1972
343. *Скульптура и живопись древнего Пенджикента*. М., 1959
344. Смит Г. *Драгоценные камни*. М., 1980
345. Смирнова О. *Очерки по истории Согда*. М., 1970
346. Снесарев Г. *Хорезмийские легенды как источник по истории религиозных культов Средней Азии*. М., 1983
347. Снесарев Г. *Реликты домусульманских верований и обрядов у узбеков Хорезма*. М., 1969
348. Снесарев Г. *Под небом Хорезма*. М., 1975
349. Снесарев Г. *Маздеитская традиция в погребальном обряде народов Средней Азии*. М., 1960
350. Снесарев Г. *Как вы относитесь к змеям*: Наука и религия, 1983, №3, с. 46-49
351. Солдадзе Л. *Семантика древнего орнамента*: ДИ, 980, №9, с. 17-22
352. Соловьев К. *История художественной обработки металла Древнего Мира*. М., 1980
353. Соколова З. *Культ животных в религиях*. М., 1972
354. Соколовский В. *Реконструкция 2-х скульптурных изображений из Дильберджина*: Древняя Бактрия, М., 1979. вып. 2
355. *Сокровища аваров*. М., 1985
356. Сорокин С. *Большие седельные подвески из Пазарыка и Башадара и их паралели*: СГЭ, 1973, №36, с. 47-51
357. *Средняя Азия и Иран*. Л., 1972

358. Сребродольский Б. *Коралл*. М., 1986
359. Сребродольский Б. *Жемчуг*. М., 1985
360. Ставиский Б. *Работы Кара-тепе в 1970-1971 гг.*: Буддийский культовый центр в Старом Термезе. М., 1972
361. Ставиский Б. *К югу от железных ворот*. М., 1977
362. Ставиский Б. *Кушанская Бактрия: проблемы истории и культуры*. М., 1977
363. Ставиский Б. *Искусство Средней Азии*. М., 1974
364. Степанов П. *Эллино-скифский головной убор*: ИИАК, 1917, вып. 63, с. 77-83
365. Сулейманов Э. *Традиции обработки металлов у киргизов*. Фрунзе, 1982
366. Сургуладзе И. *Астральная символика в грузинском народном орнаменте*. Афтореферат, Тбилиси, 1967
367. Супрычев В. *Легендарный камень сердолик*: Наука и жизнь, 1979, №3, с. 97-100
368. Суслова С. *Женские украшения казанских татар*. М., 1980
369. Сухарева О. *К вопросу о литье металлов в Средней Азии*: Занятия и быт народов Средней Азии. Труды Иститута этнографии. Л., 1971, с. 147-158
370. Сухарева О. *Позднефеодальный город Бухара*. Ташкент, 1962
371. Сухарева О. *Вопросы изучения костюма народов Средней Азии*. М., 1979
372. Сухарева О. *Об обычаях и верованиях связанных с перстнями у татар*: Несколько слов по поводу русских и татарских перстней, принадлежащих А. Сухарева и А. Соловьеву. Казань, 1904
373. Сухарева О. *История среднеазиатского костюма*. М., 1982
374. Сычева Н. *Народное декоративно-прикладное искусство Средней Азии и Казахстана*, М., 1980
375. Сычева Н. *Ювелирные украшения народов Средней Азии и Казахстана*. М., 1984
376. Терехова Н. *Технология изготовления первых металлических орудий у древнейших земледельцев Южной Туркмении*: СА, 1974, №1, с. 213-217
377. Толстов С. *По следам древне-хорезмийской цивилизации*. М.–Л., 1948
378. Топоров В. *Число и текст*. Структура текста-81. Тезисы симпозиума. М. 1981, с. 79-80

379. Тохтобаева Ш. *Казахские ювелирные украшения*. Алма-Ата, 1985
380. *Трансформация природных форм в орнаментальные мотивы*. М. 1980
381. *Памятники греко-бактрийского искусства*. М., 1940
382. Тураев Б. *Классический Восток*. Л., 1924
383. Турабеков М. *Золотая бляшка из Ёркургана*: ОНУ, 1978, №6 с. 46-48
384. Тургунов Б. *К изучению Айртама*: Из истории античной культуры Узбекистана. Ташкент, 1973, с. 66-67
385. Тюляев С. *О некоторых находках индийской бронзы на территории СССР*: КСИНА, 1961, №57
386. Тюляев С. *Искусство Индии*. М. 1968
387. Уилбер Д. *Персеполь*. М. 1977
388. Фахретдинова Д. *Декоративно-прикладное искусство Узбекистана*. Ташкент, 1972
389. Фахретдинова Д. *Ювелирное искусство Мавераннахра*: Художественная культура Средней Азии IX–XIII вв., Ташкент, 1983, с. 49-60
390. Фахретдинова Д. *К изучению ювелирных украшений Узбекистана. Х1Х в.*: ОНУ, 1986, №3
391. Фахретдинова Д. *Ювелирное искусство Узбекистана*. Ташкент. 1988
392. Ферсман А. *Очерки по истории камня*. М., 1962, т. 2
393. Хамиджанова М. *Некоторые представления таджиков, связанные со змеёй.*: Труды Института Истории Тадж. ССР. Душанбе, 1960, Т. СХХ, с. 215-225
394. Хазанов А. *Золото скифов*. М. 1975
395. Хакимов А. *Изобразительно-орнаментальные образы и мотивы прикладного искусства Мавераннахра*. Автореферат. М. 1977
396. Харитонович Д. *Средневековый мастер и его представления о вещи.*: Художественный язык средневековья. М., 1982
397. Хачатрян Ж. *Художественные изделия из серебра эллинистического времени*: Международный симпозиум по армянскому искусству. Ереван, 1978
398. *Художественная культура Средней Азии IX–XIII вв.* Ташкент. 1983

399. *Художественный образ в декоративном искусстве Азии и Африки.* М., 1969
400. Чабров Г. *Собирание орнаментальных мотивов среднеазиатского в дореволюционном Туркестане.*: Науч. труды ТашГУ, 1963, вып. 200
401. Чижова Л. *Культовое литье лесной полосы Евразии — элемент идеологической системы*: Сб. Тезисы II археологической конф. Скифо-сибирский мир. Кемерово, 1984. с. 151
402. Чвырь Л. *Таджикские ювелирные украшения.* М., 1977
403. Чвырь Л. *Сравнительный очерк традиционных украшений уйгуров и соседних народов Центральной Азии*: Центральная Азия. Новые памятники письменности и искусства. М., 1987
404. Шеппинг Д. *Символика драгоценных камней*: Древности. М., 1865-1867, т. 1, вып. 2
405. Шефер Э. *Золотые персики Самарканда.* М., 1981
406. Шофман. А. *Религиозная политика Александра Македонского.*: ВДИ, 1977, №2, с. 111-120
407. Широкова З. *Традиционная и современная одежда женщин горного Таджикистана.* Душанбе, 1976
408. Шишкин В. *Варахша.* М., 1963
409. Шишкин В. *К вопросу о древних традициях в народном искусстве Узбекистана.*: Таш. пед. ин-т, Ташкент, 1947, вып. 1, с. 33-39
410. Шлюмберже Д. *Эллинизированный Восток.* М., 1985
411. Шрамко Б. *Об изготовлении золотых украшений ремесленниками Скифии*: СА, 1970, №2, с. 217-221
412. Шмотикова Л. *Символика и изобразительные мотивы в декоративно-прикладном искусстве Китая*: Проблемы Дальнего Востока, 1975, №1, с. 205-207
413. Элуэл Д. *Искусственный драгоценные камни.* М., 1986
414. Эфенди Росим. *Ювелирное искусство Азербайджана.* Баку, 1964
415. *Ювелирные изделия Востока.* М., 1984
416. *Ювелирное искусство народов Востока.* М., 1964
417. *Ювелирное искусство народов России.* М., 1974

Иностранная литература

Afghanistan journal. jg.6 Heft 4, 1979
Arte del Gandhara 20 Sadea (Sansoni editori Roma, 1972)
Auboyer G. *Afghanistan und seine kunst-Praha*, 1968
Amiet P. *Splenduer de l'or*. Paris, 1965
Asarpay G. *Sogdian painting*. California, 1981
Amiet P. *Antiquetes de Bactirane*: "La revue du Louvre", v. XXY111, 1978
Barnett R. *The art of Bactria and the Treasure of Oxus*: "Iranica Antiqua", Leiden, 1968, p.34-54, pl.11-X1Y
Blanck I. *Stuchien zum griechischen Halsschmuck der arhaichen und klassischen Zeit*. Koln, 1974
British Museum Catalogue of jewelry. London, 1964
Brushan J. *Indian jewelry*. Bombey, 1964
Brushan J. *Indian jewelry and ornaments*. Bombey, 1958
Canningham A. *Relics from ancient Persia in Gold, Silver and Copper*: "The journal of the Asiatic Society of Bengal", 1881, p.151-186, p.X1-X1X
Chandra R. *Indo-Greek jewelry*. New Delhi, 1979
Coche de la Ferte Etienne. Le bijoux antique. Paris, 1956
Currier R. *Jewelry of the ancient world*. Mineapolis, 1975
Cultural monuments of Ancient Chine. Peking, 1962
Dalton O. *East Christian Art*. Oxfrod, 1925
Denisov E., Grenet F. *Boucles d'oreille en or a images de coq decouvertes en Bactirane*: "Studia Iranica, v.10, 1981, Leiden
Dieulafoy. *L'acropole de Susa*, p.X1, Paris, 1980
Feldhaus F. *Die Technik der vorseit der gerchichtlichen Zeit und der Naturvolker*. Leipzig, 1914
Gardner P. *New coins from Bactria*: The Numismatic Chronicle new series. London, 1879, v.19, p.1-12
Ghirshman R. Perse. *Proto-iraniens. Medes. Achemenides*. Paris, 1963
Glueck N. *Deites and Dolphins*. London, 1965, pls.17-20
Goldman B. *Origin of Persian Robe*: "Iranica Antiqua", v.1Y, 1974
Goldschmuck der Romerzeit. Mainz, 1984
Godard A. *Le tresor de Ziwie*. Haarlem, 1950
Godard A. *Les antiquites Bouddheques des Bamiyan*: Paris et Bruxelles, 1928
Gullensvard Bo. *T'ang gold and silver*. Goteberg, 1957

Higgins R. *Greek and Roman jewelry*. London, 1980
Heiniger E., Ernst A. *The great book of Jewels*. NY, 1974
Ingholt H. *Gandharian Art in Pakistan*. NY, 1957
Ivanov S. *Ancient andronoid complex in modern ornaments of Siberia peoples*. M., 1964
Jewelry and ornaments in India a historical outline. New Delhi, 1970
Knobloch E., Hrbas M. *The art of Central Asia*. London–Praha, 1965
Lahlhaas G. *Grossgriechische und romische Metalleimer*. Munhen, 1971
L'or. Gunter-Breitling Fonds Mercator, 1976
Lee S. *L'art oriental*. Bruxelles, 1966
Litvinsky B., *Pichikjan I. Monuments of art from the sanctuary of the Oxus*.: Acta antique academiai Scientiarum hungarical. v.XXY111, FASC 1-4, Budapest
Mackenzie J. *The migration of symbols*. NY, 1926
Marshall J. *Taxila* vol.1-111. Oxford-Cambridge, 1951
Marshall J. *The Buddist Art of Gandhara*. Cambridge, 1951
Marshall J. *Catalogue of jewelry, greek, etruscan and roman in the department of Antiquities*. London, 1911
Maxwell-Hyslop. *Western Asiatic Jewelry*. London, 1974
Moller Henzik Sten. *1937. Arje Grieget en verden I guld Kobenhavn: Rhodos cop*. 1982
Ornament and jewelry.Archeological finds from Eastern Europe. Prague, 1967
Pollak H. *Klassisch-antike goldschiedearbeiten im Besite A.j von Nelichov*. Leipzig, 1903
Pope A. *A survey of Persian art from prehistoric times to the present*. v.1-V1. London–NY, 1939
Rapin C. *La tresorerie hellenestique d'ai Khanum:* Rev. Arch.1 / 1987, p. 42-70
Reinach S. *Repertoire de la siatuaire grecque et romaine*, vol.1, Paris, 1897, pl. 632, Paris, 1910
Reinach S. *Repertoire des reliefs*. Paris, 1909
Rice.D. *Achaemenid Jewelry*. A survey of Persian art 1, NY., 1938
Riegl A. *Spotromische Kunstındustrie*. Wein, 1927
Richter J. *Catalogue of Engraved germs*. Rome, 1956, p. 40, pl.XXX1, Nos.157-159
Rosenberg M. *Geschichte der goldschmiedkunst*. Frankfurt am M, 1918

Rosenfield J. *The dynastic Arts of the Kushans*. Berkley. LA, 1967
Rose A. *Jewelry making and design.*
Rudenko S. *Frosen tombs of Siberia.* Berkley, LA, 1970
Salmony A. *Sino-Siberian art in the collection of c.t. Loo.* Paris, 1933
Sarre F. *Die Kunst des alten Persien.* Berlin, 1925
Schlumberger D. *Le tresor de Mir-Zakah pres de Gardez-In: Tresors monetaires d'Afghanistan.* Paris, 1953 (Memoires de la Delegation archeologique francaise en Afghanistan, vol.14, p. 65-100, pl. V1-V111)
Schmidt E. *Persepolis 1-2.* Chicago, 1953, 1957
Sept mille ans d'art des Kushan. Leipzig, 1979
Stawiski B. *Kunst der Kushan.* Leipzig, 1979
Stein A. *Notes on a Find of ancient jewelry in Yasin:* Indian antiquary. vol. LX1 June, 1932
Stronach D. *Excavations at Pasargadae Third.* Preliminary Report. Iran, 1956
Strong D. *Greek and Roman gold and silver plate.* London,1966
Treasures of the British museum. London, 1975
Verneuil M. *L'animal dans les decorations*, Paris, 1897
Wilkinson A. *Ancient Egyptian Jewelry.* London, 1975
Wolters S. *Die Granulations.* Munchen, 1983

Список сокращений

АО	Археологические открытия
ВАН	Вестник Академии Наук
ВДИ	Вестник Древней Истории
ВИ	Вопросы истории
ГЭ	Государственный Эрмитаж
ДИ	Декоративное искусство
ЗВОРАО	Записки восточного отделения Русского археологического общества
ИВАН	Институт востоковедения АН СССР
ИИАК	Известия Императорской археологической комиссии
ИАН	Известия Академии Наук
КСИА	Краткие сообщения Института Археологии
ИМКУ	История материальной культуры Узбекистана

КСИИМК	Краткие сообщения института истории материальной культуры
КСИНА	Краткие сообщения Института Народов Азии
КСИВ	Краткие сообщения Института Востоковедения
МАЭ	Музей Археологии и Этнографии
МСААЭ	Материалы советско-афганской археологической экспедиции
МИА	Материалы Института археологии АН СССР
МХЭ	Материалы Хорезмской экспедиции
ООН	Отделение общественных наук
ОНУ	Общественные науки в Узбекистане
РМИИК	Республиканский музей изобразительных искусств и истории культуры им Бехзада, Душанбе
СА	Советская Археология
САП	Свод археологических памятников
САИ	Сообщения Государственного Эрмитажа
СЭ	Советская Этнография
СЭС	Среднеазиатский этнографический сборник
ТАН	Труды Академии наук
ТГИМ	Труды государственного исторического музея
ТАКЭ	Труды археологической комплексной экспедиции
ТАЭ	Труды археологии и этнографии
ТИЭ	Труды Института Этнографии
ТКАЭЭ	Труды Киргизской Археолого-Этнографической Экспедиции
ТГЭ	Труды Государственного Эрмитажа
ТХАЭЭ	Труды Хорезмской археолого-этнографической экспедиции
ТТГУ	Труды Ташкентского Государственного Университета

ПРИМЕЧАНИЯ

1. Ставиский Б. *Искусство Средней Азии*. М. 1974 с. 19-20
2. Зеймаль Е. *Амударьинский клад...* с. 10
3. Пичикян И. *Композиция храма Окса...* с. 19-64
4. *Древности Таджикистана...* с. 63-70
5. Dalton. O. *The treasure of the Oxus*, London, 1964
6. *Древности...*, с. 70
7. Пугаченкова Г. *Художественные сокровища Дальверзина...* с. 63
8. там же, с. 102
9. там же, с. 53
10. Линде Е. *Греко-бактрийский сфинкс...* с. 5-21
11. Мандельштам А. *Кочевники на пути в Индию*. М-Л, 1966
12. *Древности...* с. 108 (№ 284-286)
13. там же, №324
14. Негматов Н. Н. *Художественные изделия из куркатских склепов*, с. 42-43
15. *Древности...* с. 70
16. Там же...
17. Пугаченкова Г. *Художественные сокровища Дальверзина*. с 53
18. там же, с. 53
19. Иванов В. *К семиотической теории карнавала как инверсии двоичных противоположностей...* с. 103
20. Антонова Е. *Очерки культуры древних земледельцев...* с. 44
21. Чижова Л. *Культовое литьё лесной полосы Евразии...* с. 154
22. Шлюмберже Д. *Эллинизированный Восток...* с. 25
23. Иванов В. *К семиотической...* с. 59
24. ср. вотивы Д. Анта из Иерусалима
25. см. Amiet P. *Splendeur de l'or* — Paris, 1965

26. Зеймаль Е. *Указ. Раб.* с. 36-37
27. L'archeologie. N. 40. dec-jan. 1980 — Bruxelles, p. 61
28. Dalton. O. *The treasure of Oxus*, London. 1964
29. Зеймаль Е. Указ. Раб. с. 37
30. Ильинская В. *Современное состояние проблемы скифского «зверичого стиля»*, с. 26
31. Иванов В. *К семиотической теории...* с. 49
32. Артамонов М. *Сокровища саков...* с. 172
33. Зеймаль Е. *Указ. Раб.* с. 44
34. L'archeologie... с. 56
35. Сидорова В. *Художественная культура Древней Индии*, с. 22
36. Lee S-E. *L'art oriental* – Bruxelles, 1966
37. Amiet P. *Splendeur de l'or*
38. Ставиский Б. *Искусство*, илл. 29
39. Зеймаль Е. *Указ. Раб.* Илл. 28
40. Шлюмберже Д. *Эллинизированный Восток...* с. 15
41. Распопова В. *Металлические...* с. 113
42. Тревер К. *Памятники Греко-Бактрийского искусства...* табл. 45-46
43. Пугаченкова Г. *Халчаян...* с. 144-153; 153-216
44. Sarianidi V. *Bactrian Gold.*
45. Писарчик А. *Народное прикладное...* с. 31
46. Фахретдинова Д. *Песнь в металле*, с. 206 илл. 133
47. Пугаченкова Г. *Искусство Туркменистана.* с. 66
48. Пугаченкова Г., Ремпель Л. *О золоте безымянных царей из Тилля-тепе.* с. 17
49. *История Киргизии...* т. 1
50. *Treasure of the British museum.* 1975 p. 135
51. Sarianidi V. *Bactrian Gold...* p. 230-236
52. Толстов С. *По древним дельтам Окса и Яксарта...* с. 168
53. Sarianidi V. *Bactrian Gold*, p. 236-246
54. Киевский музей исторических древностей... илл. 36
55. L'dossier de l'archeologie...
56. Пугаченкова Г. *Геракл в Бактрии* ВДИ -1977 №2 с. 77-93 её же. *О культах Бактрии в свете археологии.* ВДИ -1974 №3 с. 124-135
57. Шлюмберже Д. *Указ. раб.* с. 80
58. Иванов В. *К семиотической теории...* с. 61

59. Аванесова Н. *Особенности среднеазиатских украшений эпохи бронзы...* с. 97-111
60. Киевский музей исторических древностей. Илл. 26. 27
61. Сарианиди В. Кошеленко Г. *Монеты из раскопок Некрополя расположенного...* с. 307-316
62. Пугаченкова Г. *Художественные сокровища...* см. илл. 38
63. L'dossier de l'archeologie... p. 77
64. Sarianidi V. *Bactrian Gold*, p. 254-259
65. L'dossier de l'archeologie..., p. 73
66. Киевский музей исторических древностей... илл. 35
67. Шлюмберже Д. *Эллинизированный Восток...* с. 70
68. Sarianidi V. *Bactrian Gold...* p. 236-246 (1)
69. Dalton O. *The treasure of the Oxus.*
70. Le tresor de Ziwiye, 1950; Дандамаев М., Луконин В. *Культура и экономика древнего Ирана...* с. 405
71. Sarianidi V. *Bactrian Gold*, p. 246-252 (1, 2, 3, 10)
72. Акишев А. *Курган Иссык*, с. 48-52
73. Пугаченкова Г. *Художественные сокровища...* илл. 79
74. Sarianidi V. *Bactiran Gold*
75. ibid p. 246-252
76. ibid #3
77. Пугаченкова Г. *Искусство Бактрии в эпоху Кушан...* с. 148
78. Тревер К. *Памятники греко-бактрийского искусства...* табл. 45, 46
79. Пугаченкова Г. *Халчаян...*
80. Кругликова И. *Настенные росписи в помещении северо-восточного культового комлекса...*
81. см. Рудаки, Бедиль, Хайям и др.
82. Маршак Б. *Материалы по среднеазиатской торевтике...* с. 239
83. Маршак Б. *К методике атрибуции...* с. 212
84. Кузьмина Е. *Бактрия и эллинистический мир в эпоху до Александра.* с. 198-199
85. Полевой Б. *Об искусстве античности и средневековья...* с. 55
86. Акишев А., Акишев К. *Происхождение и семантика иссыкского головного убора...* с. 22
87. Зеймаль Е. *Амударьинский клад...* с. 51
88. Sarianidi V. *Bactrian gold*, p. 236-246

89. ibid, p. 254-259
90. Глухарева О. *Искусство Кореи.*
91. *Памятники Киргизии...* с 46 № 140
92. Пугаченкова Г. *Жига-тепе...* с. 64
93. Соколовский В. *Реконструкция 2-х скульптурных изображений.* с. 17
94. Пугаченкова Г. *Дальверзин-тепе*, с. 207
95. Тревер К. с. 62
96. Зеймаль Т., Литвинский Б. *Аджина-тепе*, с. 180
97. Мухтаров А. *Путешествие в Согдиану.* с. 110
98. Масперо Г. *Ассирия.* с. 226
99. Памятники культуры и искусства Киргизии... с. 46
100. Schmidt. E. *Persepolis*
101. Morant H. *Histoire des arts decoratif*, p. 129
103. Мандельштам А. *Памятники кочевников Кущанского времени...*
104. *Там же*
105. Литвинский Б. *Украшения из могильников Западной Ферганы.* с. 139
106. Денисов Е. *Раскопки могильников Ксиров...* с. 577
107. Sarianidi V. *Bactrian Gold*
108. Пугаченкова Г. *Искусство Бактрии эпохи Кушан...* с. 85
109. Пугаченкова Г. *Художественные сокровища...* илл. 77
110. Тревер К.
111. *Памятники искусства Киргизии.* с. 46
112. Распопова В. *Металлические...* с. 110
113. Шлюмберже Д. *Эллинизированный Восток...*
114. Распопова В. с. 113
115. Альбаум А. *Балалык-тепе*
116. Зеймаль Т. Литвинский Б. *Аджина-тепе...* с. 59, 67
117. *Киевский музей исторических древностей...* см. илл. 37, 38
118. Зеймаль Е. *Амударьинский клад...* № 132, 138
119. Пугаченкова Г. *Художественные...* с. 95, 98
120. Пугаченкова Г. *Искусство Бактрии...* с. 189
121. Пугаченкова Г. *Художественные...* см. илл. 76
122. Тревер К. *Памятники греко-бактрийского искусства...* табл. 45-46
123. Шлюмберже Д. См. илл. 82

124. Пугаченкова Г. *Искусство Бактрии...* с. 148
125. Кинжалов Р. *Серебрянная пластина с изображением парфянского царя...* с. 197-205
126. Пугаченкова Г. *Художественные...* с. 96
127. Sarianidi V. *Bactrian Gold.* P. 252 #3 ill 64, 65
128. Альбаум А. *Балалык-тепе...* с 173
129. Соловьёв К. *История художественной обработки металла древнего мира.* с. 91
130. Rapin C. *La tresorie hellenistique d'ai Khanum*, p. 42-70
131. Sarianidi V. *Bactrian gold.* p. 238 ill. 16, 17; p. 235, ill. 33; p. 249, ill. 21
132. *ibid*
133. Пугаченкова Г. *Художественные сокровища Дальверзина...* илл. 71
134. Тревер К. Табл. 45-46
135. Альбаум Л. *Балалык-тепе.*
136. Зеймаль Т. , Литвинский Б. *Аджина-тепе.* с. 106
137. Распопова В. *Металлические изделия...*
138. Беленицкий А. *Монументальная живопись Пенджикента...*
139. Зеймаль Е. *Амударьинский клад.* с. 62, № 111
140. Литвинский Б. *Украшения из могильников Западной Ферганы...* с. 29
141. Альбаум Л. *Балалык-тепе,* с. 174
142. Зеймаль Т. Литвинский Б, *указ. раб.* с. 11
143. Распопова В. *Металлические изделия,* с. 114
144. *там же,* с. 116
145. Sarianidi V. *Bactrian Gold.* P. 254, ill 77-79
146. *ibid,* p. 247, ill. 88-97
147. Бентович И. *Одежда раннесредневековой Средней Азии...* с. 196-213
148. Обельченко О. *Памятники искусства древних кочевников Согда...* с. 153
149. Тойбл К. *Ювелирное дело.* с54
150. *там же,* с. 55
151. Sarianidi V. *Bactrian Gold.* P. 254-259
152. Тойбл К. с. 81
153. Сулейманов Э. *Традиции обработки металлов у киргизов...* с. 7

154. Распопова В. *Византийские поясные пряжки в Согде...*
155. Распопова В. *Металлические изделия...* с. 108
156. Дадамухамедов Ф. *Бозубанды и «Туморы»*, с. 6-7
157. Каган М. *О прикладном искусстве.*, с. 142
158. Рыбаков Б. *Ремесло Древней Руси.*, с. 116-117
159. Иванов В. *К семиотической теории карнавала...*, с. 85
160. Даркевич В. *Символы небесных светил...* с. 56
161. *Мифы народов мира*, т. 2 с. 10-14
162. Жуковская Н. *Категории и символика традиционной культуры монголов...* с. 140
163. *там же.*
164. Топоров В. *Число и текст...* с. 79-80
165. Сарианиди В., Кошеленко Г. *Монеты из...* с. 315
166. Антонова Е. *Очерки культуры древних земледельцев...* с. 71, 75
167. Борозна Н. *Некоторые материалы об амулетах...* с. 282
168. *Мифы народов мира...* т. 2, с. 558
169. *там же*, с. 346
170. Хамиджанова М. *Некоторые представления таджиков...* с. 215-225
171. Снесарёв. Г. *О змеях...* с. 47
172. *Мифы...* с. 164
173. Пугаченкова Г. *Грифон в античном искусстве...* с. 70
174. *Мифы...* т. 1, с. 336
175. Пугаченкова Г. *Грифон...* с. 77
176. *там же*, с. 83
177. *Новый полный словарь...* с. 467
178. *Мифы...* т. 2, с. 479
179. Пугаченкова Г. *О культах Бактрии...* с 124-135
180. Литвинский Б., Пичикян И. *Кушанские эроты.* с. 89-109
181. *Мифы...* т. 1, с. 204
182. *там же*, т. 2, с. 71
183. Кузьмина Е., Сарианиди В. *Два головных убора...* с. 23
184. Sarianidi V. *Bactrian Gold*, p. 254 #1/31
185. *Мифы народов мира...* т. 1, с. 396-397
186. Ионова Ю. *О культе деревьев в Корее...* с. 216-228
187. Там же, см. также Кузьмина Е., Сарианиди В. *Два головных убора...* с. 25

188. Пругер Е. *Бирюза Мерва*... с. 12
189. Чвырь Л. *Таджикские ювелирные украшения*... с. 96
190. Борозна Н. *Некоторые материалы*... с. 289
191. Марковин В. *Сердолик — камень-счастья*... с. 270-274
192. Гришин Е. *Некоторые стилистические особенности*... с. 29

Другие книги автора

Dr. Elena Neva   Jewelry of Central Asia
ISBN 978-1-934881-11-8   144 p., ill
In English

The art of jewelry has been always shrouded with a veil so attractive and so mysterious that we tend to overlook the true essence of jewelry and its correlation to the history of mankind. In her research, Elena Neva makes a monumental effort to save us from being trapped by clichés and introduce us to the true beauty disguised as common household matter.

The book will make you see the art of Eastern jewelry as the synthesis of philosophy, sophisticated esthetics, ancient magic and unconditional love. Elena Neva, herself a synthesis of fine arts, excels in this complex inter-disciplinary research. Her profound and at the same time seemingly effortless narrative opens the soul of the ancient jewelry of Central Asia to her readers, as if they were speaking to us in their own language.

Елена Нева

Tajik Jewelry   In English and Russian
ISBN 978-1-934881-30-9   214 p., Color ill.

New, bilingual book by art historian Dr. Elena Neva takes you to the world of jewelry of Tajikistan. You'll enjoy reading about ancient gold collection from the special fund of the Tajik Academy of Science, jewelry from the museum of Ethnography in Dushanbe, learning about types, shapes and symbols of earrings, bracelets, diadems, rings...

«Ювелирное искусство — своеобразная область художественного творчества, диапазон и возможности которого исключительно велики. Произведения художественного ремесла всегда входили в жизнь человека, являясь самым доступным средством реального соприкосновения с искусством» (Елена Нева «Искусство древних ювелиров», Бостон, 2008)

M·GRAPHICS PUBLISHING

PUBLISHING - PRINTING - DESIGN

www.mgraphics-publishing.com

Компания **M·Graphics** была организована в 2001 году в Бостоне, (штат Массачусетс). Фирма, ориентированная изначально на предоставлении услуг дизайна и печати, со временем решила расширить область деятельности и привлекла к работе ряд профессионалов-полиграфистов, объединенных увлечением литературой и книгоизданием. Работая совместно с художниками-оформителями книг и опытными литературными редакторами, мы имеем возможность предложить нашим авторам и заказчикам полный цикл издательских услуг — от редактирования текста, корректуры и дизайна до печати и рекламной поддержки.

За короткое время издательством было выпущено более тридцати книг разных стилей и жанров — мемуары и публицистика, поэзия и проза, пьесы и книги о здоровье.

Сегодня **M·Graphics Publishing** стремится к сохранению и развитию самобытной русскоязычной литературы, созданной авторами, проживающими за рубежами России. Мы хотим донести их уникальное творчество до самого широкого круга читателей и предоставить возможность новым авторам сделать первый шаг на пути писательского становления.

Чтобы узнать подробнее о нашем издательстве, посетите нас в интернете — **www.mgraphics-publishing.com.** Вы найдете подробную информацию о наших услугах, ознакомитесь с новинками нашего книжного каталога, сможете купить или заказать понравившуюся Вам книгу, связаться с интересным для вас Вам автором.